图解服务的细节
071

ニトリ成功の5原則

日本家具＆家居零售巨头

NITORI

的 成 功 五 原 则

[日] 似鸟昭雄 著

王建英 译

人民东方出版传媒
People's Oriental Publishing & Media
东方出版社
The Oriental Press

图字：01-2018-1648 号

Nitori Seikou no 5 Gensoku by Akio Nitori
Copyright © 2016 Akio Nitori
Simplified Chinese translation copyright © 2017 Oriental Press,
All rights reserved

Originally Japanese language edition published by Asahi Shimbun Publications Inc.
Simplified Chinese translation rights arranged with Asahi Shimbun Publications Inc.
Through Hanhe International (HK) Co., Ltd.

中文简体字版专有权属东方出版社

图书在版编目（CIP）数据

日本家具 & 家居零售巨头 NITORI 的成功五原则／（日）似鸟昭雄 著；王建英 译. —北京：
东方出版社，2018. 3
（服务的细节；071）
ISBN 978-7-5207-0294-2

Ⅰ.①日…　Ⅱ.①似…②王…　Ⅲ.①家具—零售商业—商业经营—经验—日本
Ⅳ.①F733. 134. 2

中国版本图书馆 CIP 数据核字（2018）第 051194 号

服务的细节 071：日本家具 & 家居零售巨头 NITORI 的成功五原则
（FUWU DE XIJIE 071：RIBEN JIAJU & JIAJU LINGSHOU JUTOU NITORI DE CHENGGONG WU YUANZE）

作　　者：［日］似鸟昭雄
译　　者：王建英
责任编辑：崔雁行　高琛倩
出　　版：东方出版社
发　　行：人民东方出版传媒有限公司
地　　址：北京市东城区东四十条 113 号
邮　　编：100007
印　　刷：北京文昌阁彩色印刷有限责任公司
版　　次：2018 年 5 月第 1 版
印　　次：2018 年 12 月第 2 次印刷
开　　本：880 毫米×1230 毫米　1/32
印　　张：7. 75
字　　数：147 千字
书　　号：ISBN 978-7-5207-0294-2
定　　价：58. 00 元
发行电话：(010) 85924663　85924644　85924641

版权所有，违者必究
如有印装质量问题，我社负责调换，请拨打电话：(010) 85924602　85924603

目录
CONTENTS

第4章　**没有"执着"，就没有成功** / **147**

无论个人还是公司，
成功的原则都一样

差生也能获得成功

2015 年 4 月，《日本经济新闻》报《我的履历书》专栏刊登了我的故事。承蒙厚爱，我也因此被各方评价为"非常有趣"。

无论做什么，我的做法都是首先确定目标。

在《我的履历书》专栏中，我想传递的信息是："**虽然曾经是个差生，但我成功了。事实上我们周围有很多这样的人。只要做了就能成功，所以一定要有自信。**"因为希望被尽可能多的读者看到，所以我在文章结构方面琢磨着怎样才能让读者每天都好奇地期待"明天会是什么内容呢"。

于是和记者商量了以后，把一个月的连载内容分成了三个部分，每个部分十天。最初的十天主要强调"我是如何差劲"。

我的学习简直差到让父母欲哭无泪。成绩单上全都是 5 分制的 1 分和 2 分。而我还对妈妈撒谎说："最好的成绩是 1 分，其次是 2 分。"妈妈信以为真，去邻居那里炫耀："昭雄学习很厉害，成绩单上都是 1 分和 2 分。"邻居们大概是不忍心拆穿，以致妈妈被蒙在鼓里好几年。直到有一天，不知是谁告诉她："其实最高的是 5 分，1 分是最低分。"妈妈不信，说："不可能!"她去问老师,于是终于知道了 5 分才是最好成绩。

妈妈边哭边痛斥我欺骗父母,还把我揍了一顿。但妈妈生气并不是因为我成绩不好,而是因为我撒谎。

即使学习不行,要是会打架,能当个孩子王的话也并没有那么不堪。但是我不仅留级,还是个被别人欺负的受气包,从小学一路被欺凌到中学。

《我的履历书》是报纸连载,所以有很多内容不能写。

例如,我得以升入高中,是走的后门。由于所有能考的高中都没有考上,当时卖黑市大米的妈妈,给最后一所我没考上的高中校长送了一袋大米,于是我得以以候补身份进入那所学校。关于这件事情,在报纸上是闪烁其词一笔带过的。

虽然进了高中,上课还是一点儿也听不懂,所有考试都必须靠作弊,这样最后总算勉勉强强通过,没有留级。

大学也是如此。四年制的大学全部没考上,于是我进了短期大学。其实那也是请人代考才考上的。这种事情当然不能堂而皇之地写在报纸上。

这就是我——一个曾经这么差劲的人。

因为父母规定我必须自己挣学费和生活费,所以大学期间一直在打工,几乎没去上课。毕业以后,进了父亲经营的一家承包住宅基础工程的公司。工资低,活儿又重,我不愿意被这么使唤，于是离家出走。接着进了一家广告公司，身为业务员却一份合同也没有签成，半年后惨被解雇。之后去了十几家公司找工作，全部被拒。这时候我就想："死了算了。"临死之时去了那家解雇我的公司，我跟老板说："请再给我一次机会，哪怕让我打杂也行。不然，我只好在你们公司门口上吊自杀了。"大概是怕我说到做到，老板无奈只得同意让我再回去打杂。但是，尽管重新有了工作，与之前并无二致。半年以后，老板说我"完全没有进步"再次把我解雇了。

我走投无路只好回到父亲的公司，在一个又一个的建筑工地干活。结果，因为工地失火宿舍烧了个精光。再一次失业的我，因为没有别的事可干，就借了钱开始做生意。

这就是 NITORI 的开始。30 坪①的地方，一楼卖家具，二楼住人，标准的个体商店。当时是 1967 年，正值我 23 岁之际。选择做生意，只是出于"混口饭吃"的目的。选择开家具店，是因为附近没有卖家具的地方。

但是，销量一直上不去，连连亏损。

用现在的话来说，我是个标准的社交恐惧症患者，所以完全不知道应该如何接待顾客。一见到顾客就开始害怕，更不用

---

①　日本度量衡的面积单位，用于丈量房屋和宅地面积。1 坪约等于 3. 306m²。

说向他们推销商品了。我总是低着头，有顾客主动来找我也不知道如何回答。

家具店每个月必须做到70万日元的营业额才能达到收支平衡，但实际只有40万日元左右。当时的情形就是，虽然好不容易创业，但破产只是时间问题。穷困潦倒的我穿着破了洞的夹克衫，天天以方便面果腹，不健康的生活方式导致了牙龈出血。

这样一家濒临破产的小家具店，却在30多年后的2003年，发展成为一家拥有"100家店铺、1000亿日元销售额、100亿日元利润"的"NITORI株式会社"。

最近一期的2016年2月的统一决算结果是，销售额4581亿日元，利润总额达到750亿日元。至今已经实现连续29年营业额和利润的双增长，这在日本4000家上市公司中首屈一指。目标是在2016年实现连续30年双增长。至2016年8月，包括日本、中国以及美国，店铺总数达到了437家。2016年全年的入店人数为1.34亿人次，其中实际购买为5500万人次。2016年的实际购买人次为6500万。而我们的目标是日本的总人口数，即1.2亿人次。2016年7月6日的股票市值达到1.5599兆日元，已经超过了年销售额8兆日元的永旺的股票市值（1.4247 兆日元）。正因为如此，在 NITORI 工作 20 年以上的职员，因为拥有不断上涨的公司股票，而一个个成为亿万富翁。

回首往事，年轻时候和现在的巨大差距，我自己也恍若梦中。那个学习落后、备受欺凌的人，是如何取得如今这样成功的呢？

答案就是，改变思维方式。

一个人纸上谈兵的能力，与在现实社会中活动的能力，原本就是两码事。无论毕业于什么学校，踏上社会后都需要从零开始。NITORI 拥有几百名毕业于原来的帝国大学①的职员，也有来自东京大学和京都大学的毕业生，但没有人在意这些。我本人也并不看重这些。即使高中毕业甚至初中毕业，也都一视同仁。因为我自己曾经考过的所有学校——包括最差劲的——我全部名落孙山。最后是靠着歪门邪道才升了学，实际上只有初中水平。但即便如此，仍然在社会上获得了成功。"因为学习不行，所以与成功无缘"这种想法是错误的。重要的是对事物的看法，以及自己的思维方式。

通过改变思维方式，可以改变人生。

---

① 指日本在明治维新之后所设立的，作为国家最顶尖的实施高等教育、从事科学研究的九所国立综合大学的统称。

成功5原则

"成功5原则"是在我的人生导师、已故的渥美俊一老师教导的基础上，结合我自己的人生经验，对"如何才能成功"这一问题所做的总结。同时也是希望各位在步入社会后能够获得成功，为此而思考并提出来的五条原则。原来是为了那些来NITORI工作的员工所准备，但因为希望对更多的年轻人有所裨益，故在此以单行本付梓。

所谓5原则，即

①愿景（志向）
②目标（中长期目标）
③热情
④执着
⑤好奇心

只要做到这五条，即使是像我一样的差生也能获得成功。其中最重要的是要心怀愿景，其次是要明确目标。

心怀愿景就是时常把"为了他人、为了社会奉献一生"的志向放在心中。换而言之即"远大志向"。

小时候也好，进公司工作以后也好，在我身上就没有发生过好事。现在回想起来，那正是因为我没有人生目标，做一天和尚撞一天钟。

彻底改变这种状态是 1972 年，我 27 岁的时候。

那时，因为家具店经营不善，我欠了一屁股债，所以心情抑郁，整天想着寻死。最后，抱着捞一根救命稻草的目的，抱着"说不定能得到什么改变现状的启发"的想法，加入了美国考察旅行团。这个考察团由咨询公司策划，成员都是家具行业的相关人士。这次美国之行成为彻底改变我人生的一次契机。

第一次到访美国，那里的富裕程度令我惊讶不已。当时的日本和过去相比已经富足了许多，但到了美国以后，还是深切地感受到两者之间至少相差 50 年。

美国不仅收入比日本高，而且物价远远低于日本。即使按照当时 1 美元等于 300 日元的汇率，家具的价格也只有日本的三分之一。衣物和鞋子也十分便宜，质量和功能却比日本的好得多。

额才 1.6 亿日元，也就是说 30 年后的目标是现有的 600 倍左右。作为公司，这是第一次真正拥有了一个称得上是"目标"的长期而巨大的数字目标。

在发布 30 年规划的同时，公司还提出了"家具与家居宣言"。

所谓家具与家居，是指家具以外，包括窗帘、地毯等室内装饰品，甚至全部家庭用品，从厨房到卧室、起居室，对家庭内装进行整体搭配。

虽说提出了目标，但并没能立刻顺利启动。最初的时候，我自己还没有定性，真正把自己的人生——每年 365 天，一天 24 小时——全部倾注到实现目标上来，是 35 岁以后的事情。

"2002 年实现 100 家店铺，1000 亿日元销售额，100 亿日元利润"这一 30 年规划，最终晚了一年，于 2003 年，我 59 岁那年实现了。

因为第一个 30 年规划成功实现，接下来又制定了第二个 30 年规划，即"2032 年（2033 年 2 月决算）实现 3000 家店铺，3 兆日元营业额"。

下一个中期目标，是在离最终目标十年之前的 2022 年（2023 年 2 月决算）实现"1000 家店铺，1 兆日元营业额"。作为中间的一步，是"2017 年（2018 年 2 月决算）实现 500

家店铺，5500 亿日元营业额"。为什么是 5500 亿这样一个中间数字呢？因为要在 2022 年达到 1 兆日元的目标，如果五年前为 5000 亿日元的话，形势有些严峻。如果能做一些并购的话，甚至 6000 亿也并非不可能。利润目标则设定为 900 亿日元。

渥美老师曾经教导我："要是能开 500 家分店，就能让全日本富裕。"而这个数字终于将要达到。

帮助 NITORI 成长的企业文化

成功 5 原则中的 "热情"、"执着" 和 "好奇心"，可以说是帮助 NITORI 连续 29 年营业额和利润双增长的企业文化。

"热情" 是指 "挑战那些看起来无法做到的事情"。

追求愿景与目标的道路上，风险一定如影随形。不惧失败，勇敢面对风险，才能实现目标。而所谓挑战，不是做那些一看就能做到的事情，而是做看起来难以做到的事情。朝着目标的实现，无所畏惧，勇敢挑战，这才是真正的热情。

把 30 年后的远大目标进行分割，先分成 10 年期目标，再继续分成 5 年期、1 年期，直至每周的目标。这就是通常说的工作计划。通过拆分成眼前经过努力就能达成的小目标，内心会涌现出 "一定要设法实现" 的热情。

"执着" 是指 "不言放弃，直至目标实现"。

实现目标的过程中，会出现无数次的失败。如果没有远大的目标和想要实现目标的信念，遇到一次失败，就会萌生

“还是算了吧”这样的放弃念头。正因为有无论如何也要实现的远大目标，才不至于因为眼前的失败而泄气，而是相信总能找到解决方法并继续追求下去。

我自从制定了30年规划以后，经常在别人面前说起自己的目标，甚至放下狠话：“如果不能实现，就辞去社长职务。”即便现在是会长，这种想法依然如故。

为了把第二个30年计划——“2032年开设3000家分店”——深深地烙印在心中，我把车牌号改成了“品川3000”。每次坐车，都会想起这个3000家分店的目标。这个数字还贴在了自己家的厕所墙壁上，甚至卧室的天花板上，以便让自己每天晚上睡觉时都能看到。就是这样让自己从早上起床到晚上睡觉，无时无刻不想着这个数字，才让自己产生了执着之心。

“好奇心”是指“时刻注意发现新事物”。

目标中的数字，是一个按照迄今为止的做法根本不可能实现的巨大目标。要想实现，必须寻求与以往不同的做法。所以需要不断地吸收新的信息，不断地萌发新的创意。

发现和发明，产生于对阻碍目标实现的问题和课题的思考。找到解决问题的方法，就是“发明”和“发现”。

与"好奇心"形影不离的是"坦诚"。觉得好的东西，就坦率地认可并采纳。采纳新事物，意味着抛弃旧事物。通过这种做法，无论是工作还是自身，都会不断地发生变化。畏惧变化则无法实现宏伟目标。

对于变化的这种积极态度，我的导师渥美老师称之为"柔性"。这也是一种应对周围环境变化的能力。要想成功，首先必须把变化看作机会。逃离变化永远不可能拥抱成功。要努力成为变化的主导者。

一切源自愿景和目标

学生时代考试总是不及格，做公司职员时业绩总是倒数第一。我内心十分自卑，害怕和人说话，唯一的目标就是怎么养活自己。**这样的我能够创业并且获得成功，正是因为拥有愿景和目标。**

自从有了愿景和目标，心里就寻思着："这样下去不行。必须做点什么。"于是开始了各方面的学习。即使记忆力差强人意，也渐渐地掌握了经营方法，并且开始把公司发展起来。

如果没有愿景和目标，或许会什么都不考虑地随波逐流，然后碌碌无为地结束这一辈子吧。好不容易开的家具店估计也早已关门大吉，我自己则一定流浪在哪个街头。因此，愿景和目标可以改变一个人的人生。

人原本就是为了别人，为了社会才来到这个世界上，所以必须拥有"成为对社会有用的人"的远大抱负。这样的抱负可以为人生打开一扇新的大门。

最理想的当然是在年轻时就拥有这样的抱负，但即使50

岁，甚至 60 岁开始也为时不晚。

请各位打开手上这本书，找到自己的愿景和目标，开始走上成功之路。

第 1 章

"愿景" 能使人获得新生

NITORI 非常重视"愿景"。

从创业开始到之后 20 年左右的时间里，NITORI 的愿景是"为日本人提供比肩欧美的缤纷居家环境"。但是，现在已经开始在国外开分店，所以不能只考虑日本。**无论是 NITORI 这家公司也好，我本人也好，现在的愿景是"将比肩欧美的缤纷居家环境呈现给世界上的每一个人"。**

得过且过的学生时代

我出生于北海道。从小就是个差生，学习一塌糊涂。脑子反应迟钝，完全听不懂老师在讲什么，记忆力极差，教科书看了也像没看。

上课经常开小差，要么画漫画，要么在课桌上挖洞，跟人打赌"要几天才能把桌子挖穿"。特别擅长临摹漫画，信手拈来，经常有朋友出5日元或10日元让我帮忙画。那种战国时代身披铠甲的武士画像，我既不用打草稿，也不用修改，可以一气呵成。我因此想过当漫画家，但是，因为只会照着画，不会自己编故事，也只得作罢。

考高中时，报考的学校全军覆没，没办法只好准备去上夜校。可是，夜校也有考试，如果连夜校也考不上的话就只能跟着父母工作。要么跟着做土木工程的父亲当一名建筑工人，要么跟着卖黑市大米的妈妈送货。无论哪一种都非常辛苦。

这时，发现了一位高中校长，他买过妈妈的大米，我送过货给他。于是，我赠送了一袋大米给那位校长，求他让我去上学。结果他真的因此同意算我候补合格。我之所以认为是送了一袋米的功劳,是因为不仅是我,一个学习跟我一样差的堂弟,没考上任何其他学校,也上了那所高中。

高中三年级的时候,父亲对我说:"大学别上了,你就到家里的公司来做建筑工人吧!"我对此讨厌至极,说:"我想去大学学习。"父亲斥责我在撒谎。没想到母亲对这件事却很赞成,说:"大学必须上。"最终,以"自己赚学费、餐费和服装费,并且支付住宿费给家里"为条件,我得以继续上学。

话虽如此,考试复习什么的一点也没准备。原本高中的定期考试也都是靠着作弊才勉强升级,所以,自然所有报考的学校都名落孙山。最后找了代考才考上短期大学。

因为必须自己挣学费和生活费,进了大学以后,一年中有一半时间在工地上干活儿。北海道的冬天下雪,工地上没有活儿可干,我就去百货店和超市送货、送岁暮礼物,或者爬上屋顶帮人家除雪。

经常在工地上干活儿,没机会和人说话,铁铲和丁字镐是我最好的伙伴。哪种铁铲好用呢?是不是那些锋利的、样子狭长背上弓起的好呢?丁字镐的话,多少重量,头部什么形状的好呢?我整天就琢磨这些,学业方面自然一无所成。

毕业后开始上班,但因为做不好工作,就借了父亲的公司——似鸟水泥工业——在札幌市内一块 30 坪大小的地方,开了一家家具店。

年轻时候的我，脑子里只有一个目标："怎么混口饭吃。"因为学习不好，朋友和父母都说我靠脑袋的话连吃饭也成问题。开家具店也是为了糊口。因为觉得自己这辈子恐怕结婚无望，所以虽说是糊口，也是那种一人吃饱全家不饿的最低愿望。

如果现在还是这样，估计 NITORI 仍然只有一家店铺，最多在札幌市内开两三家而已吧。虽说吃饭是不成问题了，但因此而满足的话，一定早被像现在的 NITORI 这样的大型连锁店击垮了。事实上，那以后北海道许多个体经营的家具店都接二连三地倒闭了。所以，只满足于"混口饭吃"的话，早晚会被大公司打败。

赴美考察发现"愿景"

如此惨不忍睹的人生迎来转机，是在与妻子结婚之后。

1967 年，作为 NITORI 雏形的家具店开门营业，那时我 23 岁。

我不擅长和人说话，不知道怎么招呼客人，所以家具店亏损严重。这样下去无疑会关门大吉。又因为没钱雇人，父母就对我说："赶紧结婚，让你妻子招呼客人。"于是，在经过了 8 次相亲之后，与现在的妻子结了婚。那是 1968 年，我 24 岁，妻子 20 岁。

对我来说十分幸运的是，妻子非常擅长接待顾客。她不讨厌和顾客交谈，也很讨顾客喜欢。我接待的顾客一般都会逃走，并从此不再上门，但妻子接待的顾客，却能成为回头客。

妻子使原来只有 40 万日元的营业额翻番，并扭亏为盈。托她的福，我总算起死回生。

我把接待顾客的任务交给妻子，自己专心于进货和送货。于是，生意顺利做大，1971 年开了第二家分店，并于第二年，即 1972 年出资 300 万日元成立了股份公司。这时候一共拥有两家分店，年营业额在 1 亿—2 亿日元。那年我 27 岁。

然而，就在那之后不久，2 号分店的附近开了一家占地达到 1200 坪的大型家具店，导致我们的营业额迅速下降。公司又开始亏损，银行也停止了新的融资，家具店又一次面临倒闭危机。

我完全陷入了忧郁状态，天天想着怎么寻死，找一棵大树上吊呢，还是去哪里搞氰化钾，或者干脆从哪幢高楼往下一跳拉倒。不过虽然都是死，太痛我可不乐意，于是就琢磨有什么轻松的死法。

就在这个时候，听说一家名为家具室内研究所的咨询公司，要组织一次去美国西海岸考察的研讨会。抱着"或许是一次机会"的想法，我报名参加了这次考察。这是 1972 年末的事情。参加费用为 40 万日元，我四处筹集总算付清了这笔钱。

有大约 40 名家具行业相关人员参加了这次考察。其中一半是零售业，另外一半是生产商和批发商，好像大多是年营业额达到数十亿日元规模的。我当时才 20 多岁，是参加成员中最年轻的一个，经营的公司规模也最小，所以完全被当成小孩儿看待，他们甚至还经常称呼我"小子"。

当时日美之间还没有固定航班，也没有直航，飞机中途在夏威夷加油。在夏威夷的时候还很悠闲，到了目的地洛杉矶和旧金山之后，就马不停蹄地参观 Sears 百货公司的家具卖场和专营家具的连锁店 Levitz。

考察过程中，还发生过一次"迷路事件"。在参观 Sears 的家具卖场时，店长给我们做介绍，我坐在店里的椅子上听着听着睡着了。等我醒过来时，周围已空无一人。大家都去了下一个参观点，只有我一个人被落下了。

我从未如此不安。英语不会说，口袋里也没有钱。和大家走散以后，甚至不知道住的宾馆在哪里。我像个没头苍蝇一样找了大部队三个小时，但一个人也找不到。我悲壮地做好了"只好露宿街头了""看来要在美国饿死街头了"的思想准备。

而这时候，其他成员也发现我不见了，因为担心，大家兵分几路找了好几个小时，终于找到了我。回到大部队的时候，我心里的一块石头终于落地，说："啊，这下不会死了！"这件事已经过去几十年了，直至今日还被大伙儿取笑。

尽管有这样那样的波折，这次美国考察之行带给我的震动之大，足以彻底改变我的人生观。

首先是商品的价格便宜。美国家具的价格只有日本的三分之一。

日本的家具因为价格昂贵，顾客经过深思熟虑后才会出手购买。而在美国，因为价钱便宜，顾客不用多加考虑就能轻松购买。

美国家具的品种数量、款式和颜色的选择余地都很多，而日本却少得可怜。在展示的样板房里，美国不仅展示家具，而且与窗帘之类的家庭装饰产品进行组合，实现整体搭配。

照明方面，日本的房子大多采取直接照明，而美国是灵活地运用间接照明，让明暗同时存在。宾馆也是如此，可以起到让人静下心来的作用。

家具的品质和性能方面也存在差距。日本的家具由厂家根据自己的想法制作，但在美国，首先要经过充分的市场调查，然后站在使用者和购买者的角度进行产品设计。

例如，日本的家具没有明确使用者，导致家具缺乏特点。而美国的通常做法是，根据TPOS，即"Time（时间）"、"Place（地方）"、"Occasion（场合）"和"Style（生活方式）"，充分考虑"什么时间、什么地方、什么场合以及什么生活方式的人使用"，然后在功能方面进行细分。这样一来，不仅好用，成本也得以降低。

在这方面，日本的家具厂家至今也无多大改变，所以就算能销售到欧美也难以获得成功。

极端的低价格和高性能，以及整体搭配后的美观，只有家具零售形成了巨大的连锁业之后才能实现。

当时在日本的家具零售界流传一条坚不可摧的法则："最多开 5 家分店。"其理由是，如果分店过多，经营者会因为无法顾及而导致失败。正因为如此，那时候我的愿望就是："希望有一天能开 5 家分店。"

但是到美国一看，美国的家具零售业都实现了连锁，岂止5 家，而是在全美开到 100 家、200 家。达到这个程度才可以通过大量进货降低价格，以低廉的价格提供高品质的商品。从而掌握流通主导权，并且由零售方进行商品策划，而非生产商。从窗帘到床上用品，即使生产商不同，也可以通过整体搭配的形式全部网罗到店里。然而，如何才能发展成那么巨大的连锁店，为此应该做些什么，那时的我还一无所知。

看了美国家具店的样板房后受到的另一个震动是，几乎看不到在日本普遍使用的衣橱之类的收纳家具，也就是行业内所谓的"橱柜"。在美国，衣服被收纳在衣帽间，餐具之类被放在墙壁上的架子上，因此房间里不需要收纳家具。

日本人往往认为东西多是富裕的象征，那是物质匮乏年代形成的想法。其实家具少一点可以让房间看起来更舒爽。家具摆放过多会使家里面看起来杂乱无章。在东西不多，并且整齐清爽的房间里，只在墙壁上不经意似的挂上画和镜子，这样的房间，反而让人不由地觉得"真有品味，很富足"。我自己也认为"房间里没有家具更美观"。

美国也有椅子、沙发和床之类被日本家具业称为"脚物"的家具。

我心想："20年或者30年以后，日本也一定会成为这个样子。"

无论哪个国家，人们对于美的基本感受应该是相同的。椅子、沙发和床之类的家具，以后也不可能消失。回顾人类历史，埃及也好中国也好，都是几千年之前就已经出现了床、椅子、沙发这样的家具。我认为，随着人们越变越富裕以及市场的发展，每个国家的人都会追求美观，并且渐渐变得和美国一样。

但是，觉得"今后日本整个家具文化都将发生变化"的人，在所有参加考察的人中间，大概只有我一个吧。

考察团中的其他成员，对于美国零售业连锁的规模之大，都十分感慨，并由衷地赞叹道："太厉害了！"但是，他们都认为"美国和日本的文化完全不同"，"就算直接把美国的东西搬到日本，也肯定卖不掉"。

日本是"和"的文化，生活在铺着榻榻米的房间里。而欧美人，不但长得跟日本人不一样，还穿着鞋子进屋。大家都认为"文化差异如此巨大的国家的家具，就算模仿了也没什么用"。因此也就不会像我一样在看了美国的巨型连锁之后，心中萌发"我们自己也要发展连锁店""怎样才能达到这么大的规模"之类的想法。

在看了美国的居住环境以后，我受到的冲击，足以从根本上改变既有的思考模式。

其他成员看到美国的家具文化之后，也会发出"这张桌子不错呢"之类的感叹，并且打算挑选一部分作为参考。而我的想法是"日本的家具文化今后将会发生巨大改变，所以全部照搬美国吧"！**美国的做法中，哪些能被日本人接受，哪些不能被接受，不尝试是不知道的。既然如此就全部照搬。百分百照搬。尝试了之后，再把行不通的去掉。**

在不断地尝试过程中，这个目前还与美国截然不同的日本的家具世界，一定会慢慢地接近美国吧。

去美国之前，对于自己的人生，我已经不抱什么希望，觉得就这么回事了。因为我觉得，不管怎么努力，人仍然会成为原本要成为的样子，也就是所谓的"宿命主义"。

但是，这次美国之行，在我的心中播下了"要让更多的日本人像美国人一样富足"的梦想和愿景。我决心"今后要为了这个梦想而活"。我也从一个"宿命主义"者转变成了一个"理想主义"者。

因为心中萌发了愿景，在我身上开始发生一系列的变化。

例如在工作方面，自从把接待顾客的任务交给妻子，自己负责进货之后，确实感受到了工作的意义。但去了美国以后，不仅感受到了工作的意义，还进一步感受到了人生的意义。

之前我的工作目的，是自己能够过得轻松舒适。所以，即使在工作，心中也总是想着怎么才能更轻松。到了傍晚时分，控制不住地想要赶紧收工去玩，而把在临近关门时间来的顾客赶走，为此没少挨妻子骂。**但是，一旦工作目的变成"让日本人富足起来"，原来只考虑自己利益所做的努力，就变成了"为人们带来幸福的努力"，以致工作干劲更足，一下子变成了勤奋工作的人。**

在经营方式上，之前只有一家或者两家店，经营时自然可以自成一派。看了美国的巨型连锁店以后，觉得之前的方法不够用了，于是觉得有必要看看关于这方面的专家以及经营方面的书籍，学习一下经营之道。原来的家具店是一种"设法解决眼前问题"的短期决战型，想到哪里做到哪里的拍脑袋式经营，现在要转变为确定 30 年之后的目标，并向着目标前进的长期规划型。工作也必须按照规划开展,"首先确认方向是否正确,接着考虑使用什么方法。方法确定以后,按照步骤切实执行"。

因为心怀愿景,我的人生开始发生翻天覆地的改变。

为什么"顾客至上"

要把愿景深深地刻画在心中，并试着想象。想象愿景实现的时候，将会发生什么变化，将会是怎样的心情，以此让自己的心情激动起来。我自己经常会想象顾客开心的笑脸。

"为人们提供五彩缤纷的居家环境"——在遇见这个愿景之前，几乎每年、每月、每周，我满脑子想的都是"提高营业额，多赚钱，增加环比。"

自从明确了愿景以后，我的想法渐渐发生了改变，开始站在购买者和使用者的立场思考："对顾客而言，什么是舒适，什么是不舒适"，顾客会因为什么觉得"不平、不满和不便"。而之前几乎没有考虑过这些问题，一切都以自我为中心。

站在顾客的立场，帮助他们过上更五彩缤纷的生活，当务之急是增加店铺的数量，从而使任何地方的人都能方便地买到NITORI的商品。也就是通过增加店铺数量来增加客流。如果做不到这一点，提高营业额和利润便无从谈起。但是，我真正明白这一点还在过了一段时间后。

现在的我，心里无时无刻不装着顾客。看着商品，脑海里会浮现出顾客喜悦的表情。此时的我早已忘却了似鸟昭雄这个自我，而是化身为顾客，用顾客的目光注视商品。有时是孩子，有时是老人，有时是女性，我环顾四周，力图发现问题。

NITORI 商品部的职员每年两次去参加在中国广州举办的巨大展销会（广州交易会），寻找可能在 NITORI 出售的商品。

不过，能够最快地在那里发现新产品的人是我。而且经常会在职员们已经看过的地方发现中意的产品。

为什么我觉得好的东西，却无法获得他们的青睐呢？理由是尽管产品很多，但只有那些与自己部门有关的产品才能进入他们的视线。大家都站在了自己的立场上。用我的话说就是，"让人们的生活更五彩缤纷" 这个愿景还不够强烈的缘故。不用顾客的眼光看就发现不了商品的价值。

商品开发亦是如此。相关负责人怎么也无法开发出好的产品时，在我的直接指挥下，开发出了热卖商品，这种事时有发生。这其实也取决于是否拥有顾客的眼光。

商品开发的负责人每天早上肯定也在念叨着 "追求顾客视角下的商品"，但往往不知不觉地变成老和尚念经，仍然按照自己的立场和自己的观念来看待事物、思考问题。所以说，忽略自我，从零开始，坦率真诚，做到这几点并非易事。

就我自己而言，无论在喝酒还是在吃饭，都会用顾客的眼光来观察周围，平时就注意调查。一走进商店，就开始观察照明的布置，装修的色调、素材以及整体搭配。如果女招待站在面前的话，就会观察她的穿着打扮，以及风格是否符合商店。与人交流的时候，则会观察不同性别和不同年龄的人分别对什么感兴趣，平时喜欢干什么。总之，生活中有各种观察和倾听的机会可以利用。

能够做到这些，也许是因为我自己没有那些不必要的自尊。正因为我不优秀，从小就充满自卑感，所以轻而易举地就能忽略自我。我能够做到"与其自己动脑筋思考，不如老老实实观察周围"。

顾客追求什么，对什么感到"不平、不满和不便"，只要去销售现场或者竞争对手那儿看看，就能知道，甚至还能由此开发出新的商品或者新的服务内容。但如果仅仅如此，还只能算是一次性的，无法持续。如果没有愿景，也会因为惰性对工作渐渐失去兴趣。

有人让我在方纸笺上题字时，我常常写的是"**先客后利**"这四个字。这是仿照"先义后利"，即"首先考虑道义，然后再考虑利益"而写，意思是"**首先考虑顾客，只要能让顾客满意，利益自然会随之而来**"。

另外一个我最近常常提到的词是"**先忧后乐**"。其中包含两个意思，一个是"为政者当首先考虑民众的生活，后天下之乐而乐"。放到商业社会中就是，"**首先让顾客满意，顾客满意之后再考虑自己**"。

最近很多人认为，有必要从各方面照顾到股东、员工这些和公司息息相关的人。但我并不这么认为。

只要顾客满意了，自然将惠及所有相关人员。真正的经营者在利润增加以后，会进行分配。这样，职员的工资和福利等待遇就自然而然地提高了，股东们的分红也会相应地增加。所以，经营者只要考虑顾客即可，根本无须特意把"为了职员"和"为了股东"等挂在嘴上。只需把目标对准这一个，无须这个那个地考虑太多，那样反而容易偏颇，引起混乱。

我曾经一心只考虑营业额和利润。那时，公司收益差，员工待遇低，工作量大。**但自从以"顾客第一"为方针开始经营以后，利润提高了，股价也上涨了，员工们的待遇也得到了改善。**

如今 NITORI 的员工待遇，在流通行业属于最高级别，公司已经连续 13 年提高基本工资。经过估算后的终身收入约 2.7 亿日元。这在总公司位于北海道和东北的所有企业中绝对是首屈一指的。这也说明只要把顾客放在首位，利润和工资待遇自然随之而至。

"先忧后乐"的另外一个意思是"**年轻时多吃点苦，晚年再享受**"。我一直想着要多做一些"就算你们现在埋怨我也没关系，以后会感谢我的"这样的事情。

NITORI 有一个制度，在决算情况好的年份，除了年终奖之外，员工们还能领取"决算津贴"。但是，这个津贴不是现金，而是以 NITORI 的股票形式发放。2015 年度是两个月的工资额，从进公司第二年开始享受。

当然现金更方便使用，以股票形式发放的话还需要交所得税，并且必须由本人支付。虽然有需要也可以向公司借，但还是经常有人抱怨说："太麻烦了，想拿现金。"

但是我明确规定："如果拿现金的话，减到一半以下。"

想要现金的员工，根本不理解我用股票形式发放津贴的意图。请好好计算一下：2015 年以每股 7900 日元份额发放的决算津贴，现在已经涨到了 1.3 万日元，涨幅超过六成。拿到 50 万日元份额津贴的人，现在已经涨到 80 万日元。知道的人一定会很高兴竟然涨了这么多吧。

今后如果 NITORI 的利润上涨一倍，股价也会上涨一倍甚至更多。不过，员工们的理由也能理解，所以我们现在正在考虑把决算津贴的一部分换成现金，这样就不会被所得税难住了。

对于拿到决算津贴的员工而言，公司的成绩最终会转化成为自身的利益。每一位员工的努力，不仅为 NITORI 这家公司，也会为顾客、客户、股东以及员工自身等所有人带来幸福。把这种关系画成图形的话，相当于一个五边形，底边是 NITORI，另外四边是顾客、客户、员工和股东。NITORI 位于最下方，起着支撑作用。

我理想中的且一直为之努力的公司是这样的：公司拥有愿景和目标，员工能够愉快工作，并且得以实现自我，获得成长。同时可以在这里选择未来的发展道路，创造自己的财富。

曾经很便宜的 NITORI 股票一直在上涨，不少最早的员工因此成了大富豪。所有这一切都归结于一点，即永远以顾客喜好为中心，不断追求愿景。

降低价格让生活更加缤纷多彩

顾客一直在进步，他们追求新鲜事物以及从前没有的东西的脚步永远不会停止。销售商品的人，不能仅以自己几十年的人生经验来判断顾客是否喜欢，是否能卖得出去，而是要时刻站在顾客的立场上思考。

但有一句话是永远不会变的真理，那就是："对顾客来说，价格便宜是最喜闻乐见的。"

"让人们的生活更加五彩缤纷"的方法有两个：其一是增加收入，其二就是降低商品和服务的价格。我考虑的是后者。

低廉的价格可以使生活相对富裕。即使同样的工资，如果商品价格下降一半，就相当于工资翻番。百货店里销售的高档商品，如果价格降到十分之一，就成了大众商品。

钻石是个很好的例子。钻石曾经是让普通人望而却步的高档商品，但现在作为宝石类饰品已经完全大众化了。毛皮类和羽绒类商品也一样。羽绒被曾经动辄 10 万、20 万日元，如今只需 1 万多日元就能买到。

家具的更换年限一般为十年，枕头和毯子之类的因为价格低，两到三年就会被换掉。窗帘和地毯这一类室内装饰品，以前也因为价格昂贵而不能轻易更换，如果降到 5000 日元、1 万日元，就无须考虑再三。这样才能像衣服一样，春夏秋冬，根据不同的季节和心情而改变。这就是所谓的"居住环境的多样化"。

要做到这一点，必须增加单种商品的数量，式样确定以后大量下单。在增加店铺和顾客数量，提高购买力的同时，还必须由 NITORI 自己企划和开发。这就是以店铺数量为经营目标的意义所在。

追求更加赏心悦目的搭配

在日本销售的窗帘，以前几乎都印有花纹，市面上找不到单色的窗帘。

但是，如果都是花纹窗帘，花纹和花纹之间会产生冲突，无法进行搭配。搭配需要在单色商品的基础上将互补或相反的颜色进行组合，形成让人耳目一新的效果。例如冷色调的蓝色和暖色调的粉色组合，或者绿色和蓝色两种冷色调的组合。

但是，如果把含有黄色系花纹和蓝色系花纹的窗帘进行组合的话，两者会产生冲突，导致无法显示搭配效果。这种视觉效果不佳的商品自然就卖不掉。但这种情况下能明白"为什么这个商品卖不掉"的人，至今仍然为数不多。

许多人家里的颜色高达几十种，让人看着觉得杂乱无章，毫无美感可言。可能的话，最好控制在三色以内进行搭配。店铺也是如此，要想看起来漂亮，必须把基础色减少到几种。

关于这方面的知识，我刚开始也一窍不通。30 岁以后才开始学习颜色方面的知识。室内设计搭配的奠基人町田广子女士最早在日本开设了名为"町田广子学院"的室内设计专科学校，我在那里学习了大约两年。町田女士比我小几岁，曾经在美国生活多年，因此和我一样，强烈地意识到"日本的室内设计搭配太落后"。她在全日本开设了数所专科学校，我去的是札幌的分校。

同时我还师从了其他老师。我觉得室内装饰的搭配，有必要从基础知识学起。在日本所有窗帘都是花纹款式的时代，在美国却是无论店铺和普通家庭，至少有一半是单色的。

如果是春夏季节，以蓝色为基础色能使人感觉凉爽，所以配色时可以把整体的六成布置成基础色，三成用暖色，另外一成左右使用点缀色。

进行室内装饰的时候，首先确定整套住宅的颜色数量。在此基础上，决定单色物品和带花纹物品的比例。这里所说的花纹包括花、草类的花纹、直线、涡旋纹类的几何图样，还包括大中小不同的尺寸。整体的搭配风格，可以分为"时尚型"、"现代型"和"复古型"等。

在每年发行两次的 NITORI 商品目录上有各种各样的搭配例。因为 NITORI 的商品都是自主开发设计，所以可以做到自由搭配。即使是一块毛毯，设计时也考虑到了和靠垫的搭配。

颜色数量集中了以后，在季节变化之际，就能进行整体的风格转换。

NITORI 店铺陈列的商品中，全年销售的商品大约占一半。每个季节把所有商品都换掉毕竟不太现实，所以每次换一半，另外一半则全年销售。为了展示新的产品，必须把之前的商品处理掉。这时候就对预计替换掉的商品尽可能地打折，一件不剩地卖掉。

　　我自己在穿着方面也非常注重季节。春天和夏天的衣服选择看上去凉快的颜色、面料。秋天和冬天的衣服选择手感粗糙一些的面料。此外，颜色素雅一些可以穿出季节感来。

　　商品目录上的室内搭配并非草草而成，而是经过精心设计的。首先确定目标客户的年龄层，然后确定基本风格，接下来再进行配色和图案设计，在企划阶段就努力做到精益求精。其中的每一种颜色都不是独立的，而是与其他颜色相辅相成。

　　从我在美国受到刺激，到能这样从事产品制作，花了 30 年。现在，日本正渐渐向美国靠拢。

愿景是为了他人，为了社会

所谓愿景，是远远超越了自身得失的愿望。如果不是"为了他人，为了社会"这样的愿望，就称不上愿景。事实上，如果做不到"为了他人，为了社会"，人生观就不会改变。不改变人生观，当然也不可能改变人生。

人生取决于自己的愿望。只有自己先抱有强烈的愿望，一切才会沿着这个愿望往前走。如果人生没有如自己所愿，那也是因为你的愿望不够强烈，也就是说没有足够的愿景和目标。

要实现愿景和目标，首先不可缺少的是"一定要做！必须自己做！"这样的决心。那些抱有"一定会有人做的吧？我可以搭个便车"想法的人，是不会有愿景的。不改变这种以自我为中心的视角和想法，就不可能改变人生。只有充分做好"自己做！无论如何要做！甘愿承担失败责任"的思想准备，才能称得上心怀愿景。

我的恩师渥美老师曾这样说过："无论我怎么指点，能改变人生观的人，100 个人里只有 1 个。"天马俱乐部拥有 200

至 300 家会员企业，每年召开两次政策研讨会，在会上的致辞中，老师多次说过："这次一共来了 700 名成员，所以其中能够成功的大概有 7 个人吧。"

参会的成员里虽然也有毕业于东京大学或京都大学的人，但与聪明与否并无多大关系。这个世界上，并非只要优秀就能成功，而是必须心怀愿景与目标，身心同时朝着这个方向努力，并对此坚信不疑才能成功。我在"序章"中说的"即使差生也能获得成功"绝非戏言。但是，如果不能把自己的整个人生赌上，仍然不可能成功。正因为如此，老师才说 100 个人里只有 1 个。

如果我也说"100 个人里面只有 1 个人能怀有愿景与目标"，那么大家一定会想："那样的话，自己肯定不行。"所以我在 NITORI 公司内部说的是"10 个人里面有 1 个"。因为 NI-TORI 本身是一家拥有愿景与目标的公司，在这样的公司里工作，人生发生改变的人应该能达到这个比例吧。

据渥美老师说，人生观的改变大多发生在 40 多岁的时候。而我自己的经历是，28 岁时去美国考察，33 岁时加入天马俱乐部，再过了三四年开始萌发赌上一把人生的想法。这发生在 35 岁前后，属于比较早的。一般的情形是，每天不断努力，慢慢在内心形成愿景，到了 40 岁以后才可能终于发生改变。

与公司拥有共同的愿景，并非只是来公司的时候，或者领薪水的时候想一下而已。而是必须在上班前、下班后，甚至私人时间里也思考"如何才能实现这个愿景"，才算得上真正拥有了愿景。那些认为"我可不愿意连私人时间也贡献出来想这些"的人，百分之百不可能获得成功。

例如，在展览会上看到某种商品，想瞬间判断是否应该拿下，这需要平时就时刻关注 NITORI 的店铺里有些什么商品，性能和质量如何，价钱多少，哪类商品畅销等。知道竞争对手的店里有些什么商品也有助于进行判断。没有掌握这些信息，就无法在一看到产品的时候判断出好坏。如果是自己购买，只需考虑自己是否喜欢，看钱包能否承受，但作为买手就要对商品进行判断，需要脑子里时刻装着那些有助于判断的信息。

这不仅需要在上班时间去所负责的商店做销售，还需要在非上班时间或者休息时间到其他公司去学习。"休息时间就该休息"，这样想着把时间用来玩乐的人不可能成功。

在 NITORI 担任执行董事的安孙子寻美女士原来一直在札幌工作，到东京本部也已经有 10 年时间了。她是一个愿景特别强烈的人，这 30 年来，据说她经常在休息日用自己的钱到处逛商店学习。和她同年代的男性职员中没有这样的人。希望以后这样的人越来越多。不这么做的人，只能说愿景不够，所以即使有好的产品放在眼前也会视而不见。

愿景是情义，目标是数字

我像我母亲，脾气暴躁但十分重感情。还有就是智商和颜值都不高。

但是，做生意这种事情，并非脑袋好使就行。大学毕业之前靠的是脑袋，要想在社会上获得成功，就必须敢于否定现状，勇于推翻以往的做法，推动作为目标的数字和状态往好的方向发展。所谓做生意，就是右手拿算盘，左手讲人情世故。胡萝卜和大棒，两者缺一不可。

愿景与目标一样，仅制订目标，即数字目标是不行的。还必须有"要成为一个有用之人"的理想。人的思想高于一切，这是 NITORI 的文化。

在这个意义上，或许可以认为"愿景是情义，目标是数字"。

到现在为止，有十多名离职了，但又央求着回来工作的员工，其中甚至还有与"外遇对象"私奔过的人。对于这样的人，虽然我曾下决心不再让他回公司，但拗不过他痛哭流涕地求我，于是不得不答应。结果自然不用说，没多久又辞职了。

我这个人有个特点，非常热衷于"让大家高兴"。在家里也是如此。妻子经常说："你这个人啊，为了让别人高兴，究竟花了多少钱？"不管花多少钱，也希望能让来家里的人乘兴而来，满意而归。别人高兴，我自己就高兴。看到别人满脸喜色，我会不由得想："啊，看来我是个有用的人。"

　　这种热衷于让别人高兴的性格对工作很有帮助。希望让顾客高兴，就会琢磨顾客可能对什么不满意。正因为心里总是想着让对方高兴，所以能够站在对方的立场上发现问题。那句"哦，物超所值"的广告词，也是因为我希望顾客高兴，所以竭尽所能地提供价廉物美的商品。对员工，则经常思考："如果能为他们解决烦恼，他们就能轻松、高兴了吧。"对股东，则通过努力提高业绩来让他们高兴。所有这一切，都出于"高兴"这一行为标准。

　　对自己的儿子和女儿，我常说："希望你们把成为一个有用之人当作人生的目标。除此之外，做什么都可以。"

　　无论是人还是公司，如果能被人说"希望那个人在身边"，"幸亏那个人在，帮了我大忙"，"幸亏有那样一家公司帮助了我"，才有存在的意义。如果被人说"那个人真没用"，"有他和没他一个样"，"倒不如没他更好"，那活着还有什么意义呢？这是最基本的。做到这些就成功了90%以上。

虽然我要求别人把做一个有用的人当作目标，但实际做起来并不容易。但是，只要内心一直抱有"为了他人，为了社会"的愿景，一切都会慢慢地发生改变。

愿景是，只要地球存在就永远不会改变的东西。

希望在 NITORI 以外地方工作的年轻人，也拥有不仅为自己，还为了他人，为了社会努力工作的愿景。如果全世界的人都能为他人、为社会工作的话，哪里还会有什么战争呢？我期盼着各位不但找到工作的价值，还找到活着的价值，为这个社会贡献自己的一生。

第 **2** 章

因为拥有"目标"才获得成功

渥美老师传授给我的"愿景"与"目标"

有两个人为我创造了改变人生的机会。

一位是我的妻子。曾经濒临倒闭的家具店，在妻子接手以后，营业额成倍提高。正因为如此，夫妻俩才开始过上了好日子，并找到了一直走到现在的发展之路。

另一位是连锁店理论专家渥美俊一老师。我这个对做生意和公司经营一窍不通的人，在渥美老师的教导下，不仅学会了经营，还在老师的支持下改变了人生。

前面我也说过，1972 年，我 28 岁的时候参加了赴美考察团，并因此改变了人生观。当然并非瞬间推翻了过去的一切，直接产生了如今这样的想法。即便是"愿景"这个词，刚从美国回来时也并没有出现在我的脑海里。

"要赶上美国。要让日本人的居住环境更加五彩缤纷。"这样的想法的确产生于美国之行以后，**但清晰地意识到"无论是个人还是公司，都需要愿景和目标"，是在加入了渥美老师领导的天马俱乐部之后。**

从美国回来后，我心想："好！我明白了！只要多开分店就行!"我斗志昂扬地打算从东南西北进攻造成我经营困难的竞争对手店,发誓要干掉对方。我首先在敌人西边找到了一块地方,于1973年,即从美国回日本的第二年,开设了位于札幌市北区的麻生分店,也就是现在的总店。

第一家店开店时只有30坪,后来把我用来居住的二楼也用作店面,增加到了60坪。去美国之前开的第二家分店北荣店面积250坪。这家店的土地属于似鸟混凝土工业,在当时属于大型商店了。

从美国回来后开的第三家分店是350坪的麻生店。我用自己的愿景,"希望在日本也能过上像美国那么富足的生活"劝说土地拥有人,最后终于以远高于市场价的价格购入。资金来自银行贷款。因为业绩不好,一开始银行并不愿意放贷。于是我还是展示出了我的愿景,请他们一起看了那块地,并保证"绝对会生意兴隆",才终于说服了银行。所以,对我而言,这是决定胜负的一家分店。

幸好麻生店从一开始就非常顺利,每天顾客盈门,甚至可以说是一家帮助面临经营危机的 NITORI 起死回生的分店。接着,1975年冬天,又以"圆顶充气商场"的形式开了南乡分店。

这是一个从纽约进口的,充气后膨胀打开形成的商场。高

12 米，面积为 500 坪。因为是全日本第一家，所以广受好评，但过程却是险象环生。充气商场从进口到搭建，历经了种种困难，经过突击，总算在开业两天前把商场搭了起来。然而在开业前一天夜里，因为降雪，充气商场被压塌，于是出动全体员工除雪，结果有人摔下来被埋在雪里，还不得不叫了救护车……

那以后，我又于 1976 年在山里的国道旁开了 540 坪的手稻富丘分店，1977 年在札幌市丰平区开了月寒分店。从美国回来，到 1978 年加入天马俱乐部，一共开了六家分店，自己也觉得很不错。

那时候，每次打算开新的分店时，我都要问一句："没有更大点的地方吗？"因为造成 NITORI 经营危机的竞争对手的面积有 1200 坪，所以我总是不由自主地以此为标准。在美国考察时看到的家具店面积更是达到 2000 坪左右，堪称巨大。我当时参观的连锁店，在全美国有 70—80 家规模的分店。但是后来那里也破产了，美国的竞争之激烈可见一斑。

到了开第五家分店的时候，我已经放弃了"包围敌人进行攻击"的计划。把周围仅此一家的个体经营店作为敌人进行打击，连自己也觉得很愚蠢。当时还没有遇到渥美老师，但内心的想法已经开始转变，觉得那绝不是自己最终的目的。自己的目的是要成立大型连锁店，让日本富裕起来。

虽然店铺数从两家增加到了三家、四家、五家……我最关心的仍然是营业额和利润，在意的仍然是"有没有客人来""营业额是否上去了""利润是否增加了"一类的问题。

那时虽然开始勉强盈利，但也就2%—3%的程度。而我的目标是5%。当时家具行业中，利润率能达到5%就属于优良了。实现了5%以后，下一个目标是10%。如果能达到10%，就不是优良，而是优秀了。就这样，整天琢磨的都是营业额和利润。

据前面几批员工说，自我从美国考察回来，一直到加入天马俱乐部之间的几年，NITORI这家公司简直称得上惨绝人寰。

之所以这么说，是因为当时不停地开新店，经营的商品范围不断扩大，这个也要做，那个也要做，员工们承受的是超负荷劳动，拿的却是低廉的工资，简直就是现在所谓的黑心企业。我当时确实对员工们说过："大家要不停地工作，工资低也先忍受一下。将来公司发展了会涨工资的。"1975年第一次招募了5名大学毕业生，不但让他们天天工作到深夜，连每周一次的休息日也带着他们研修，所以最终这批人都辞职走了。

30岁出头的我作为一名经营人员还不够成熟。既没钱，也没人员，还缺乏物资，而且不停地改变经营方针。虽然用自己的方法经营了十年，但究竟应该如何做下去，其实并不十分清楚，脑子里一团乱麻。

从美国回来以后不久，我在客户公司的会客室里偶然发现了一套有关流通业连锁化的系列书籍，于是我立刻购买了整套书。

我的脑海里渐渐萌生了一些自己的想法。"美国是如何实现这么美好的居住环境的呢？关键是否还是在于连锁化？""一定要设法赶上美国。要让日本人的居住环境能够和美国相提并论。"于是，我开始寻找能够教我实现这些愿望的方法的人。

这套系列丛书的作者是渥美俊一老师。

渥美老师的书让我豁然开朗。我所有的烦恼都能在上面找到答案。原来必须这么做才行。只要按照他说的去做，一定就能成功吧？我 23 岁开始做生意，到了 30 出头也还谈不上成熟，自己对此正在一筹莫展之中。所以，老师的教导就仿佛清水渗入丝绵似的被我全盘吸收。这可以说是一场真正的"邂逅"。

我反复阅读老师的著作，并且希望能够加入老师领导的连锁店经营研究团体天马俱乐部。在努力了多年以后，1978 年 1 月，我 33 岁的时候，终于实现了夙愿。

当时渥美老师 51 岁，担任日本连锁店协会的第一任事务局长，是日本连锁店理论方面的代表人物。

渥美老师在日本的企业经营顾问中是首屈一指的存在。老师毕业于东京大学法学部，从读卖新闻的记者转行为经营顾问，1962年成立了连锁店经营的研究团体天马俱乐部。老师认为"日本人的生活与世界上的先进国家相比并不能算富足。这是因为日本的流通业受制于种种规定，比制造业的现代化程度低"，并把俱乐部的成立目的定为"通过产业连锁化改革日本落后的流通业，通过流通业的革命提高日本人的生活水平"。

1969年，天马俱乐部的会员已超过了1000家公司，其中有大荣、伊藤洋加堂、JASCO（现在的永旺）、SKYLARK和吉野家等日本有代表性的连锁店企业。在日本整个零售业的营业额为110兆—120兆日元的年代，加入天马俱乐部的企业的总营业额达到了40兆—50兆日元。这样的学习会不用说在日本，即使在欧美，甚至在全世界也绝无仅有。

渥美老师每个月在东京主持数次有关连锁化经营战略的研讨会，此外，春天和秋天还召集数百名会员在箱根举行政策研讨会。

我为了聆听老师的讲课，每个月从北海道去东京参加研讨会，也从未缺席每年两次的政策研讨会。

我开始把"愿景第一"挂在嘴边，是在加入了天马俱乐部，学到了"企业的存在是为了顾客，为了他人，为了社会"以后。

第一次听到"愿景"和"目标"这两个词是在听老师讲课时。

老师教导我们说："经营者必须是个浪漫主义者。""愿景"在日语中就是"志向"的意思。拥有愿景的人被称为"浪漫主义者"。用老师的话来说，"一切行为都是为了他人，为了社会的人"才是浪漫主义者。

公司需要有愿景，而社长下面的员工们必须是浪漫主义者。有了愿景与目标，自然而然会对工作产生热情、执着心和好奇心。我把老师说的话归纳为"成功 5 原则"，并且不断向员工们传授。世界上有许多经营顾问或经营者，但这么说的只有渥美老师一个人。

目标建立在 100 倍思维之上

与愿景同样重要的是目标。

老师认为，所谓目标指的是至少 20 年以后的目标。

如果把做事业比作登山，目标就是那座需要攀登的"山"。

那么愿景就是大山所赋予我们的激动与感动。

并不是所有的山都能够给予登山者巨大的感动。越高大越美丽的山，越能令人激动。同样是登山，我希望攀登的是富士山这样的世界遗产，因为这才能让我体会巨大的激动与感动。

虽然帮助人们解决微小的不平、不满和不便，也是"为了他人，为了社会"，但是世界并不会仅仅因此而变得更好。

如果把愿景定为"为人们提供更五彩缤纷的居住环境"，那就需要更大规模的行动。需要做到"把所有与居住有关的商品价格降低到三分之一"，"所有商品都做到自主搭配"。这个规模非同寻常，需要 1000 家、2000 家连锁店，用几十年时间才能实现。

为了实现这一愿望，需要制订"用 30 年时间把店铺增加到 100 家"这样的大目标。**要实现大的愿景（志向），必须拥有同样规模的目标。**

我第一次制订长期的经营计划，是在得到渥美老师教导之前，28 岁去美国考察回来的时候。我开始思考一个问题："日本至少比美国落后了 50 年。怎样做才能追上甚至赶超美国呢?"并且考虑怎样用数字的形式表现出来。在从美国回来的飞机上，我开始思考"接下来 30 年应该实现的目标"，并且写了一份决心书。

这就是第一个 30 年计划。在这个计划中，把"最初的十年育人，接下来的十年开店，最后的十年做商品"作为目标。

首先是育人。根据这个 30 年计划开始定期招募大学毕业生，并且开始在教育方面投入资金。

接下来的十年，计划每年增开店铺，逐渐形成连锁店规模。

经过 20 年，有了一定数量的店铺，顾客也有了一定的购买力以后，开始考虑迄今为止在日本没有尝试过的整体搭配，开发公司的自主产品。

这就是我的规划。

因为是在 1972 年年末从美国回来后制定的 30 年规划，所以最终的实现期限定为 2003 年 2 月。制订计划的时候还只有两家店铺，30 年后的目标也很小，计划店铺数量增加到 30 家，销售额一两百亿日元，仅此而已。

五年以后加入了渥美老师的天马俱乐部，聆听了一次名为"长期规划研讨"的会议。

渥美老师让我们提交长期规划目标，我就把当时制定的 30 年计划书作为长期规划交了上去。

加入天马俱乐部后不久，位于札幌市厚别区的第七家分店厚别店开业，公司名称也变更为用日语片假名写的"ニトリ"（即 NITORI）。7 家店铺的总营业额大约 15 亿日元，30 家店铺就是现有的四倍，我觉得这个目标已经足够大了。结果渥美老师说："这个目标太小了！"于是我将其修改成 50 家店铺又交了上去，结果还是没通过。**老师说："在天马俱乐部，首先需要 100 倍思维。"**

具体而言就是：

如果只是原来的 2 倍或 3 倍水平，只要坚持做下去一般都能达到。但如果是原来的 100 倍，按照过去的做法绝对行不通。打个比方就是，如果原来是用两条腿走路，那么现在必须改变思路，先设法换成自行车，然后换成汽车，接下来再换成飞机，换成火箭。想换成汽车，首先要设法拿到驾驶证。也就是说需要经营者自身的成长。"设定远大的目标，并且朝着目标奋勇前进。这才算真正的目标。"渥美老师说。

　　虽说得到了渥美老师这样的教导，但 7 家店铺的 100 倍就是 700 家，我心想："再怎么样都不可能实现。"但就在我的长期规划书被退回来的时候，其他听课的成员都获得了老师的认可回去了。于是我无可奈何地说："那就 100 家店铺，1000 亿日元营业额吧！"这才获得了老师的首肯。老师在把签过名的长期计划书还给我的时候还关照说："把这张计划书贴在公司每个人都能看得到的地方。"

　　计划书上还填了"什么时间前做什么"的期限，NITORI 按照之前的 30 年计划，依旧以 2003 年 2 月作为最终决算时间。之前一直在公司说的目标是"2003 年 2 月 30 家店铺"，在得到了渥美老师的指导之后，时间不变，目标提高到了 3 倍多的 100 家店铺。

　　100 家店铺这个目标于 1979 年制定，所以准确地说，应该是个 24 年计划。但是，24 年这个时间不太好算，所以还是按照从 6 年前的 1973 年开始计算，到 2003 年正好是 30 年计划。现在回想起来，我觉得还是应该说 24 年计划。

　　我刚开始听到渥美老师说"100 倍思维"的时候真是吓了一跳。我心想："绝对不可能！99% 不可能！""2003 年实现 100 家店铺"的目标，也是因为不那样写老师不会放过我才写的，说实话，我内心认为那根本不可能实现。

至于为什么说 30 家店铺不行，一定要 100 家才行，渥美老师的理由是，企业的社会贡献标准是顾客数和店铺数。那时候的美国，已经出现了拥有 500 家、1000 家，甚至 2000 家分店的巨型连锁店。所以渥美老师认为："只有连锁化才能谈得上对社会有贡献，要做到这一点，一位数、两位数不行，至少要三位数。"

不是 80 或 90，而是"100 家店铺，1000 亿日元营业额"这种整数，才能让我自己和员工们记住，并时刻讲得出来。

要开 100 家分店，首先必须对业务进行强化。老师的想法是，"既然是连锁店，100 家店铺的商品种类必须完全相同，店铺的布局也必须一致"。但从实际经营的角度来看，这是绝对做不到的。

在制定了"100 家店铺，1000 亿日元营业额"目标的同时，又提出了"每家店铺的面积提高至 1000 坪"的目标。

刚刚加入天马俱乐部的时候，NITORI 的 7 家店铺的平均占地面积为 450 坪。每家店铺的平均营业额 6 亿多日元。但是，要实现"100 家店铺，1000 亿日元营业额"的目标，每家店铺的平均营业额必须增加到 10 亿日元以上。因为觉得"1000 坪左右的面积应该能达到 10 亿日元左右的营业额"，所以就提出了"每家店铺的面积 1000 坪"的目标。

此外,在天马俱乐部里,无论什么行业,"店铺的每坪营业额必须达到 95 万日元",以此为参考,又提出了"每坪面积的营业额达到 100 万日元"这一目标。其实这一点最难,至今仍然没有达到。现在每坪的营业额约为 93 万日元。家具这种商品很占地方,计算每坪的营业额非常不利。反而是面积小的店铺更容易提高每坪的营业额。不过,由于增加了室内装饰方面的商品,所以正在渐渐接近目标。

另外,我还提出了"做日本第一的家具连锁"的目标。在员工的待遇方面,也宣告要"把工资提高到 1000 万日元"。当然不是指所有人,而是 50 岁以上的员工能拿到 1000 万日元左右的工资。同时还成立了持股协会,让员工拥有公司股票,提出了到 60 岁退休的时候,"每人拥有 1 亿日元份额股票"的目标。这些目标的提出都是为了提高员工的积极性。但是,这些都没有写在书面上,如果写下来的话,就成为明确的承诺,过后会非常麻烦。

就这样,提出了七个带有"1"的数字目标,即"100 家店铺,1000 亿日元营业额,每家店铺的面积 1000 坪,每坪的平均营业额 100 万日元,每家店铺的营业额 10 亿日元,员工工资 1000 万日元,员工持股 1 亿日元"。

在宣布这一计划的同时，还发布了全日本最早的"家具与家居宣言"，计划把当时占 80%—90% 的家具营业额减少至50% 以下。同时设定的目标还有，从北海道的地方连锁发展成为国家级连锁，并计划到东京证券交易所主板上市。其中得到渥美老师指点的只有店铺数量和营业额，其余都是我自己的想法。所有这些，都计划在 2003 年实现。

无论睡着还是醒着，都要念念有词

只属于我一个人的目标是不可能实现的。不仅是社长一个人，而是全体员工，至少董事等领导们如果没有这种想法的话，目标就是一句空话。

怎样才能让大家都想得跟我一样呢？

我觉得应该让大家也去聆听渥美老师的讲课，虽然当时公司还小，也没有钱，但三个月一次，我会带着公司的干部从札幌到东京参加渥美老师的研讨会。最初只能带 3 个人一起去。公司渐渐地发展起来以后，增加到了 5 个人，最终是带着 10 个人一起去。

不仅听渥美老师讲，我自己不管在公司里还是公司外，每次有机会就不停地重复有关愿景和目标的话题。

例如每年一次的经营方针发布会、召集店长以上领导开的季度决算发布会、每个月一次的店长会议，以及会议结束后的聚餐上……总之利用一切机会，传递自己有关愿景与目标的想法。我相信大家在反复听的过程中，慢慢地会理解说："原来是这么回事啊！"

事实上，实际从嘴巴里说出来对我自身而言也非常重要。因为在不断说的过程中，说的人自己也会渐渐接受这个想法。

我自己刚开始也是为了应付老师的要求，才写下了"100家店铺，1000亿日元营业额"，其实内心并不觉得能够实现。但是，不管睡着还是醒着整天都念叨着"要赚到1000亿日元，要赚到1000亿日元……"的过程中，渐渐地开始接受这个想法。说给别人听其实也是一种自我暗示。

"为了他人，为了社会"，"让人们的居住环境更五彩缤纷"，我把这个愿景对以前的同学说了以后，被他们嘲笑说："说这种话不难为情吗？"其实最初我自己也觉得难为情。所以刚开始做不到在学校这样的公共场合演讲。但是，同样的话说多了，渐渐地就觉得这是很自然的事情，于是越来越不觉得难为情，在任何地方都敢说了。

在织田信长的时代，传教士从欧洲来到日本宣传基督教。其中就有著名的 Francisco de Xavier。来自地球另一端的外国传教士，在一个语言不同、文化相异的国家收获了众多的信众。仔细想想，这也是一份不同寻常的伟业。也许刚开始是他一个人，站在橘子箱子或什么上面，对着日本的民众反复说着有关上帝的故事。说着说着，开始出现一两个信众，他们又以同样的方式开始传教，于是越来越多的信众加入进来。

要改变人们的意识，必须反反复复不停地说。宣传愿景与目标也是如此。只不过我的传教内容是连锁店理论。

不但自己说，也让公司干部和员工们一起谈论有关目标的话题。在经营方针发布会、决算报告会、店长会议等各种场合，请店铺或者物流的负责人就"如何才能达成本公司的愿景与目标"，"为此今年应该如何行动"等发表自己的看法。从他们自己口中说出来以后，相信他们也会和我一样，自然而然地产生一种"既然我自己已经这么说了，那就必须去做"的意识。

只留下拥有共同梦想的成员

可是，尽管我竭尽全力地不断强调"愿景与目标很重要"，最初员工们的反应十分淡漠。不管怎么重复，我的想法都得不到认可，仿佛就我一个人在瞎忙活。定下了"30年100家店铺"的目标以后，开始的三年走得磕磕绊绊。为了想方设法地实现目标，一直采取扩张战略，我和员工们越来越忙，因为受不了而辞职的人越来越多。

NITORI从1975年开始定期录用大学毕业生，正好是我30岁的时候，也是加入天马俱乐部的三年前。

刚开始的时候，就算对十个人伸出橄榄枝，也不一定有一个人来。每年只能招到十名左右的毕业生，而且来的都是些没有其他地方可去的人。即便好不容易招进来了，70%—80%的人都会在几年内离职。虽说希望他们能再坚持一下，但当时的我还年轻没有经验，不知道如何说服他们留下。

现在已经学会了劝说，例如："无论多么不好的公司，不待十年怎么知道好坏呢？待个十年的话，一定有收获的。"而当时只会说"石上三年，风雪五年"之类的话。这是职业棒球教练野村克也说过的话。但即使这么说了，如果过了三年还没有起色还是会辞职。当然大多数人没到三年就陆陆续续离开了。

为了把渥美老师的理论渗透到整个公司，我还召集员工们举办连锁店理论的学习会。让大家研读老师的书籍，甚至还组织考试，检查大家是否记住。

但是，越看老师的书越觉得书上写的内容和当时公司的实际情况有很大差别。

例如，书上写着 "计算短期营业额，进行数字管理"，但实际上并没有照着做。或者明明写着 "把操作顺序写成守则，进行标准化，让每个人的行为一致"，当然实际上什么都没有。

于是有人因为 "为什么不按照老师教的去做呢" 而辞职。

我辩解说："现在虽然没有，但过几年会按照老师教的去做。" 结果被追问："需要几年才能做到呢?" 我只好回答："两年左右。" 两年以后，那个人在辞职时说："社长说过两年内要做到，但已经过了两年却完全没有进步，所以我要辞职。"

也许当时不应该说两年，而应该回答说："没有那么快做到的。需要五年或者十年才行。" 当然也可能因为听我这么回答，他又会因为 "我可等不了那么久" 而辞职。

无法与别人拥有共同的愿景和目标，也是因为我自己没有好好理解。从小时候开始，我就不擅长理解别人说的话。

　　我问渥美老师："所谓目标是什么？"老师回答说："所谓目标就是像梦想一样的东西。而梦想与幻觉一样，无法清楚地看到。"

　　"就好像爬富士山的时候，一开始也许会因为迷雾笼罩着而看不清山顶。但靠近了就能看到岩石什么的，再渐渐地就能清楚地看到轮廓。就这样不停地往上爬，达到目标的时候也就是你在山顶的时候。"

　　我把这个解释原封不动地对员工说了，但很少有人能够理解，因为不够具体。我以为渐渐就能明白了，但还是无济于事。甚至有员工因为不理解而来继续追问，我只能再用从渥美老师那里听到的话来回答。

　　宣布公司目标的同时，还提出了"家具与家居宣言"，这也是从渥美老师那里现学现卖的，所以即使有员工问"什么叫家具与家居"，我也说不出个所以然来。

　　我只能回答说："用窗帘和地毯对墙壁、窗户、地板进行装饰，这叫作家饰。家饰和家具合起来就是家具与家居。就像用衣服装饰身体一样，通过家具与家居的搭配，可以让房间看起来更漂亮。"但其实我自己也并不十分清楚。

　　员工们看到这样的老板一定非常不安吧。因为我看上去并不是个聪明的人。高中是通过关系进去的，跟人谈话时也经常听不懂对方的话。一个迟钝、笨拙的人，让绝大多数员工都不禁担心："把人生交给这样的人行吗？"而我也经常希望自己可以变得健谈一些。

　　尽管如此，在不屈不挠地反复强调的过程中，渐渐出现了愿意与我拥有同样愿景与目标的人。

　　1978 年，我 34 岁的时候，因为石油危机的发生，大企业开始减少录用人员，在城市上大学的学生回到老家就职，这种所谓的"折返"现象愈演愈烈。

　　我心想："机会来了！" 于是到东京去物色学生并说服他们加入公司。

　　当时 NITORI 在东京完全默默无名，就算我费尽口舌也没人理睬我。于是我就想了个办法，让每个来听的人免费吃两碗猪排饭或者牛肉盖浇饭，趁他们吃饭的时候劝说他们来公司就职。大部分人吃归吃，吃完后抹抹嘴巴说："好了，再见！"但其中也有几个人对我的话产生了共鸣，决心加入公司。

　　现在的社长白井俊之先生就是当时进入公司的人之一。

　　那个年代，家长的想法都是"培养你到大学，毕业后竟然进家具公司？"当然更不明白我所说的家具与家居。有时候即使说服了本人，但因为遭到父母的反对，于是又要想方设法去说服他的父母。

白井先生当时也是如此。我好不容易说服了他本人，却遭到了他父母的反对。我为了说服他父母上门拜访，在差点被关在门外的时候，我把脚夹在门里，他们才让我进了房间。我跪在地上说："我非常需要您家的儿子！"就像强行推销商品的销售员似的。最后他父母不得不认输，说："随你们便！"就这样才得以加入公司的人就是现在 NITORI 的社长。

1979 年录用的第四批大学生一共有 36 名。当时员工全部加起来才 60 人左右，所以新员工进来后公司员工增加了 50%。也正因为如此，人员费用大幅增加，利润减少，经营非常窘迫。所以下一年又恢复到招收十几名左右。

第四批招的人现在都到了退休年龄，还在工作的已经不到十个人了。他们是多年来带领 NITORI 前进的一代人。

现在的社长白井先生以及董事们，一直容忍着我这个虽然嘴上说着"愿景与目标"但实际上糊里糊涂的人，没有弃我而去。不理解我的人都离开了。"讨厌这种不清晰的做法"的人，没有耐心的人也离开了。"说着愿景与目标，上面的人却什么都不做。"这么想的人也离开了。

新进公司的人一定会想，既然社长明确提出了愿景与目标，领导们和董事们就应该考虑具体做法，并做出指示。但是，其实没有人知道应该怎么做。

这时候，白井先生他们明白了："也就是说要我们自己去做。"很多人都觉得"社长说的那些都没有实现，所以不想干了"，或者"没有人给出具体指示，所以不想干了"。虽然白井他们也觉得这种情况很伤脑筋，但还是认为"因为缘分才进了这家公司。试着用自己的双手来实现连锁化吧"。结果，这些与我拥有同样梦想的人留了下来，那些不信任我的人都离开了。

从这个意义上来说，剩下的都是坦诚的人。就这么坦诚地相信了年轻又靠不住的社长所说的话。那些不愿意相信或者半信半疑的人都离开了。

从进公司到当店长，一般需要7—8年时间。但白井先生进公司的时候，人手不足，而新的分店却一家家开起来，所以第二年或第三年就当上了店长。一天的工作时间达到12—13小时，总公司的灯晚上10点，甚至12点仍然亮着。每个月仅仅4天的休息日至少一半要用来进修，所以每个月的休息日只有两天。我当时的观点是："能长时间工作，能尽可能少休息的人才是优秀的人。"所以也有人因此而离开。如果我早一点注意到大家的不满就好了，但因为没钱，无法随心所欲地缩短劳动时间。福利之类的就更谈不上了，可以说，除了愿景与目标，这家公司一无所有。

就是在这种情况下，白井先生他们坚持做下来了。他们也说："没想到那么辛苦。"我猜想他们一定也好多次想拂袖而去吧。

在大家的努力下，"100家店铺，1000亿日元营业额"这个30年计划在延迟了一年的情况下实现了。并且打开了本州市场，成为日本全国连锁店。同时于2002年在东京股票交易所主板上市。销售的商品中，家具所占的比例现在已经降到40%以下。NITORI成为日本第一家家具与家居企业。

2016年是招收大学毕业生的第41年。成立工会以后，过去的那种重劳动、低工资的状况也有所改变，员工的稳定率逐步上升。

现在，仅1995年以前进公司，工作20年以上的元老就有150多名。每年招收的应届毕业生超过400名，员工人数达到4500名左右。

尽管如此，我仍然不敢忘记当时不被任何人看好时的心情，在每年迎接新员工的典礼上，一定会对他们说一句："衷心地感谢各位能够选择我们公司！"

NITORI 经营模式的原点

我在加入天马俱乐部以后，曾经离开过一段时间。离开的理由是因为对渥美老师感到害怕。

1980 年老师来北海道的时候，我恳求说："请一定来看看我们公司的店铺。"我带老师去了刚开业一年多的厚别分店。

然而，在我开车把老师从机场送往店里的路上，老师错把坐在身旁的 NITORI 的常务当成了我，见他无法回答有关经营方面的数字，感到非常生气。我慌忙解释："社长是我!"老师更加生气了，说："你是社长为什么不坐在我旁边?!"到了店里以后，一个接一个的问题被指出来，店内鸦雀无声，我被骂得脑子一片空白。"你作为经营者简直糟糕透顶! 你不值得我教。今天是浪费时间!"老师扔下这几句话，拂袖而去。

我害怕自己的父母，更害怕那时候的老师。被斥责，被怒骂，被鄙视，曾经的那点微弱的自尊心遭到了彻底的践踏。我再也不想看到老师的脸，也不想听他说话，于是从天马俱乐部落荒而逃。

之后我试着找了另外几家公司的顾问，但除了渥美老师，其他所有人的建议，都说不到点子上，如同隔靴搔痒。

他们不同于渥美老师，都非常能说会道，也很和气。而渥美老师说过："经营顾问不应该只会表扬。不断指出问题才是职责所在。"因此他从未说过表扬之词。而其他的顾问公司都是一个劲地夸我，对我在经营上遇到的问题却无法做出解答。

其中的原因之一是，每家咨询公司的研究对象小到个体商店，大到百货店，甚至还包括开展多种经营的企业，他们提出的是各行业相通的普遍性问题。而渥美老师只研究连锁店，说话非常直接明了："首先 10 家分店，接下来 20 家，然后 50 家、100 家，这样不断发展下去。"

结果，大约两年后，我又重新回到了渥美老师身边。

我心想："无论被老师斥责也好，鄙视也好，以后一定要好好听老师的教诲。"也是从这个时候开始，我终于成为老师最忠实的拥趸。

后来，曾经和老师说起过其他的经营顾问无法满足我这件事情，并询问老师："他们和您的不同之处是什么呢？"老师的回答是："那些人心里没有'志向'！"

大多数的经营顾问首先考虑的是营业额和利润。如果听从他们的建议，就算一开始进展顺利，不久也将偃旗息鼓。正如老师所说:"连锁店理论里包含着让国民大众的生活更缤纷多彩的愿景。有了愿景,营业额和利润就是水到渠成的事。"

老师的这种态度,潜移默化地影响了我。

在遇见渥美老师之前,我一味地追求营业额和利润。在追求的过程中,渐渐地走上了一条与顾客需求背道而驰的道路,总想着"再提高些毛利",会认为"'便宜没好货'也是不得已的事"。实际上大部分的企业都是如此,不由自主地从自己的角度考虑,渐渐地变得敷衍行事。

流通业中,一些做得不太成功的企业和顾客之间有距离。大家都根据自己过去的经验或从自己的立场提出想法,并不能认认真真地站在顾客的立场上思考如何才能让人们的生活更加五彩缤纷。

我亦如此。直至遇见渥美老师,才在内心萌生出"让日本人过上更五彩缤纷的生活"这样的愿景。从此开始彻底改变了经营方向。

要实现所提出的 20 年以后的目标,必须先决定 10 年后的目标,以及 5 年后、2 年后、1 年后的目标。接着需要按照半年、三个月、一周的时间节点落实具体目标。NITORI 所实践的这种经营模式,都来自渥美老师的教导。老师告诉我们说:"把一年分为 52 周,以一周为单位提交决算报告,实行了一年之后，用接下来的半年进行改革，并进行对照。必须是这样一种模式。"

如果没有坚信老师的教导并坚持至今，NITORI 绝不可能有现在这样的规模。

"宁做乌龟不做兔子，宁可笨拙不耍小聪明"

有一次，渥美老师突然说："似鸟先生的优点是，坦诚和flexibility。"

最开始的时候，老师都是直呼其名地叫我"似鸟"。不知道什么时候上升到了"似鸟君"，最后变成了"似鸟先生"，看来算是认可我了。因为不明白老师说的"似鸟先生具备flexibility"，于是就问老师："老师，我英语不好，这是什么意思?"老师告诉我就是"柔性"的意思。但我还是不太明白，于是老师继续向我解释。

假设现在有一个做法很成功。当出现"一个更好的方法"的时候，一般人很难马上转换到新的方法。如果有 100 家店铺，要切换成新的运营模式，就需要对这 100 家店铺全部进行改造，这需要一笔庞大的开销。所以，人在大多数情况下的反应都是："太费劲了，还是保持现在这个样子吧!"

而我会立刻说："钱什么的先不考虑，马上全部改掉!"改变的过程中，在美国或者别的什么地方看到更好的做法时，就继续改变。当然，下属会因此很辛苦，也相当花费金钱和时间。发现更新更好的东西时，不被过去的成功束缚，也不考虑费用，立刻干脆地抛弃现有的做法。"这就是 flexibility。"老师说。

另一个重要的优点是"坦诚"。

老师常说："不能只想着吸收好的地方。要做的话，必须全部照着做才能成功。"

参观了美国的连锁店后，如果只打算模仿其中看起来不错的地方是行不通的。既然做就必须百分之百地引入整个体系。同样，跳过老师教导的 1、2、3 点，只做 4 和 5 也不行。必须从 1 开始按照顺序做才能成功。

天马俱乐部会员中的那些成功人士，大荣的创始人中内功先生和伊藤洋华堂的伊藤俊雅先生都没有上过大学。我虽然上了大学，但学习一向很差。如果要说大家有什么共同点的话，也许就是"坦诚"吧。

渥美老师的伟大之处在于，他对美国零售连锁店的成功事例进行研究，并对此进行理论和系统的阐释。我们老老实实地学习，不是只想着吸取好的地方，而是学习全部。正因为如此才获得了巨大的成功。从这个意义上来说，"坦诚"是成功的重要条件。

每年两次的天马俱乐部政策研讨会上，年营业额 50 亿日元以上的大型企业被分在 A 组，中小企业被分在 B 组。我自然属于 B 组，而且是 B 组最差的学生。我在上学的时候，班级里如果有 60 名学生，我就是那个第 59 名或 60 名的学生，所以早已习惯了。我对自己说："这没什么关系。"

能这么想，是因为渥美老师的一句话让我鼓起了勇气。

老师常说："宁可做乌龟也不要做兔子，宁可笨拙也不要耍小聪明。"

一起在天马俱乐部学习的经营者中，有比 NITORI 早得多地举行宴会庆祝"达成 100 家店铺"的公司。尽管如此，老师对我说："似鸟先生，即使笨拙也没关系，重要的是一步一步往前走。这个过程中，那些有点小聪明的兔子因为过度自信会停下脚步，四处乱窜去玩耍，你只需要一步步追上去。千万不可以停下来。千万不可以休息。脑子不好使，不擅长计算，这都是没办法的事。但是，只要努力，就能够一步一步前进。"

观察一下公司的下属，也觉得老师的话很有道理。那些有点小聪明的人，学习成绩好，反应也很快，于是就比较自信。开始时候还好，但往往容易因为过于自信而像兔子一样中途休息，或者不注重经验的积累，以为只要想想就能干成。公司里面时常有没在店铺工作过的年轻人说"想从事企划工作",即使让这些人做他们也不可能做好。

我是乌龟。即使老师身边有更年轻的经营者加入进来,我也肯定是最迟钝的那个。被问到的问题,从来答不出来。老师曾经说:"必须能够连续回答我七个'为什么'。"但是,当老师问我:"这个数字怎么来的?"我一次也答不上来。老师对此也愕然,据说他觉得"这个似鸟真是无可救药了。至少能答上来一个吧?这也能做经营者?完全对自己的公司一无所知嘛!"

迟钝,理解力差,还听不进别人的话。尽管如此,却能在事业上取得现在这样的成功。我想这全都是因为渥美老师的教诲,是他让我有了愿景与目标。

从"愿景"倒算现在该做什么

1972 年，我去美国考察的那个时期，日本家具店三分之一的营业额都来自 50 万日元、100 万日元这样昂贵的婚庆家具。有的店的婚庆家具甚至占据一半，其中大多数是柜子之类用于收纳的家具。

但是现在几乎没有婚庆家具这一需求，市场上已经完全消失了。而我在看了美国市场以后，对此早已有预料。美国的房子有衣帽间，不需要收纳家具。

我当时就想："别人都说'日本是个和文化国家，跟美国情况不同'，但是，日本总有一天会跟美国靠近，不再使用体现'和'的收纳家具。"**不过，虽说"总有一天会这样"，如果马上改变商品结构，会失去顾客，也会失去营业额。因此，尽管方向是对的，还是要讲究方法和顺序。**回到日本以后，我经常说："摆放很多家具是贫穷的体现。没有家具才是富足的体现。"听的人首先都是一愣，然后说："我们不是卖家具的吗？"

即使在美国，也并非一开始就是现在这种形态。比日本先进 50 年的美国市场，什么时代发生了怎样的变化，如果能看清这一点，就可以判断日本也会遵循市场的变化逐渐跟上去。

我认为日本家具市场总有一天会与美国同步，所以一边经营，一边一点点地改变商品结构。当时的 Sears 等大型连锁不仅卖家具，还销售窗帘、地毯这类和房间装饰有关的商品。我受到启发，也开始在 NITORI 销售地毯和窗帘。

但一开始就都卖的话，既没有人手，也没有足够大的卖场。

于是先从地毯开始，然后是窗帘。不管是窗帘还是地毯，刚开始都是赤字，持续了三四年以后终于扭亏为盈。开始盈利以后，又开始经营其他种类的商品。就这样每 3—5 年追加 2%—3% 的新商品，逐渐扩大商品范围。

"把所有商品全部换掉"，说起来很简单，实际操作起来非常困难，既花时间又花金钱，所以大家都不愿意做，都想轻松地"取其精华"。这是因为没有着眼于未来的目标。

如果把几十年以后的目标牢牢地记在脑子里，坚信"总有一天会实现"的话，无论多么艰难也会朝着目标走下去。如果不这么做，被这个世界淘汰只是时间问题。

最早的那次美国考察已经过去 40 多年，那时候一起出去的成员中，现在还在经营的公司只剩下 NITORI 和神奈川的大正堂了。其他的或者被吞并，或者破产，都已不复存在。

这也是因为没有"20 年以后，30 年以后，日本会变成什么样，那时候自己想成为什么样的人"这样的目标。如果有目标，就可以从目标倒推，制订现在应该实施的工作计划。

估计每一家家具行业的公司都去过美国多次。但没有一家能获得像 NITORI 这样的发展。其原因在于思维方式的不同。未来想成为什么样的公司，为此必须做些什么，需要花费多少金钱和时间，要具备这样从目标出发倒过来推算的思维方式。但是，最重要的还是需要志向，即"把日本改造得更美好，让人们的居住环境像欧美一样五彩缤纷"的愿景。我和他们最大的不同在于这个志向。所以，40 年以后的现在产生了如此巨大的差距。

"从目标决定现在需要采取的行动"这种做法可以应用在日常各种场合。各位如果想要成功，就一定要养成这个习惯。

例如，在中国的广交会这样超大型的商品展览会场上四处寻找可能有销路的产品。展览会上每家参展商的摊位只有两个，全部参展商高达数千家。展销会为期 5 天，不快速行走的话，5 天时间也看不完。这种时候我一般是从员工的后面开始走，但不知不觉地就走到所有人前面去了。

这是因为员工们并不计算时间。一旦对某一个摊位的商品感兴趣，就会在那儿花费许多时间，甚至有人"最终只看了三分之一的摊位"。而我则因为计划好"必须全部看一遍"，所以事先考虑好节奏，并且按照这个节奏在展厅内行走。

首先确定想要实现的目标，并计算需要的时间。然后思考目前自己应该做什么。掌握了这个思考步骤，在展览会上的行走速度自然也就能计算出来了。

未来决定现在，整体决定部分

除了"成功五原则"，我还从渥美老师那里学到了很多其他原则。

例如我经常挂在嘴边的推进工作的顺序"方向""方法""步骤"，以及看待事物的方法"根本性""整体性""多面性"。渥美老师教导说："领导和社长必须亲自实践这些做法。"

从未来决定现在，从整体决定部分，这是 NITORI 的做法。

例如在推进工作的过程中，最重要的是方向，其次是方法。如果方向错误，首先需要纠正方向。如果方向正确但进展不顺，那就设法改变方法。如果方法也正确，那就试着改变步骤。一个组织中的领导需要有"牢牢抓住根本"的能力。

并非人人都能看到事物的根本。表面性的东西因为表现出来了，所以谁都能看到。对此所做的改变称为"改善"。但是，这种改变并不能解决问题。要解决问题就需要看到事物的根本，并对此做出改变，而非只看表面，这称为"改革"。

看到事物的整体，看似简单其实很难。开始做一件事情的时候，首先要看清整体，并思考自己打算怎么做。但是，大多数人在看到整体之前就已经被囚禁在眼前的局部上面了。

俗话说："只见树木，不见森林。"当眼前有一棵大树的时候，世界上90%的人只看到这棵树的树枝和树叶，而非整棵大树。剩下10%的人虽然看到了整棵大树，但绝大多数都看不到周围的森林。

看到了森林，寻思着"要造这样的森林"，并且一棵一棵种树的人，才是有水平的人。但是，世界上还有一种人，他们看到的不是森林而是整座山，并且思考着："希望能让它像富士山一样美丽。那样的话应该在哪里建造森林呢?"

想要造林的人，10个里面有1个。想要造山的人，100个里面只有1个。但是，如果不这样思考就无法成功。放眼望去，那些没能成功的人，都是眼中只看到树枝和树叶的人。

放眼整体，得出"往哪个方向去"的结论以后，牢记这个结论，然后思考如何才能朝这个方向走的方法，决定行动的步骤。**先整体，后部分**。这个顺序十分重要。

另外一个重要的做法是从多个方面观察事物。

大多数时候，人只从自己的立场看待事物。但其实更重要的是必须有意识地从对方的立场，或者第三者的立场上观察。总是从同一个地方、同一个高度看的话，看到的永远只是一个平面。

　　然而实际上，这个世界并非平面，而是立体的。即使观察一个茶杯，从正面看，从上面看，从下面看，看到的都是不同的样子。只看到事物的一面就采取行动的话，中途一旦面对完全没有预料到的事情，就束手无策了。

　　因此，无论什么时候，要从多个方面看待事物，在掌握了正确的立体形态之后，再思考如何处置。

得以预测到雷曼危机的原理原则

确定长期规划的公司有很多，但大多数都是在纸上谈兵。这是因为领导人物没有预测事业环境变化的能力。

例如 2008 年发生的雷曼危机。许多企业因此陷入亏损，营业额大幅减少。但是，NITORI 在 2008 年，以及雷曼危机影响最为厉害的 2009 年，营业额和利润都是持续的双增长。

其原因在于我在那之前就预感到了不久将会发生雷曼危机这样的事件。

NITORI 每年派出数百名员工去美国研修，我也同行。现在公司规模扩大了，一年大概派出 900 人。

去了以后要四处考察住宅。但是，进入 2000 年以后，美国的住宅价格不断上涨，几年间就上涨了三倍。

我想："泡沫导致的价格上涨最多是三倍。"到达这个程度后，泡沫就会破裂。这是古今东西全人类共通的原则、原理。在日本，1990 年股票泡沫破裂，1992 年土地价格泡沫破裂。涨多了下跌，跌多了上涨，历史就是这样不断重复着。

对此进行数据化可以预测未来。我在 2008 年年初，判断"美国的住宅泡沫早晚要破裂，世界经济将遭受重创"。于是我抛出所有债券，充实手头资金，以防备经济不景气的到来。

2008 年 9 月爆发了雷曼危机。我心想："终于来了！"那以后每隔三个月进行一次价格下调，一共进行了八次。本来就计划好一旦经济不景气就采取降价攻势，并且为之准备好了资金。非常幸运的是，在零售业整体销售额下滑的趋势中，NI-TORI 的销售额却逆势上涨。

2012 年开始日元暴跌。雷曼危机之后，一美元兑日元一时甚至突破 80 日元。最高时日元曾经升值至一美元兑 77、78 日元。2012 年情况开始逆转，到 2013 年日元跌至 1 美元兑 105 日元。

这对于 NITORI 这样在国外生产商品再进口到日本国内的公司来说是极大的挑战。当时日元每贬值 1 日元，NITORI 蒙受的损失是 14 亿日元。那时我预感到日元会贬值，所以打算通过提前签订期货外汇合同，以尽可能减少损失。

2013 年，年均汇率 1 美元 = 105 日元的时候，我签订了 1 美元 = 92 日元的期货汇率合同。相差 13 日元。如果没有签订合同，仅当年的损失就达到 156 亿日元。2014 年，1 美元 = 122 日元的时候，签订了 1 美元 = 99 日元的期货汇率合同。相差 23 日元，避免了 322 亿日元的损失。2015 年，签订了 1 美元 = 102 日元的期货汇率合同，避免了 360 亿日元的损失。

能否预测事业环境，制订准确的计划，与公司命运息息相关。社长的工作是预测未来，能高瞻远瞩的人定将胜出。

目标的力量

愿景是努力方向，任何时候都不会改变。

而目标在 10 年、20 年后有可能发生改变。根据当时的情况，根据积累的经验，甚至因为春夏秋冬四季的转移而改变。

愿景与目标不仅对于公司来说很重要，对于国家或个人亦是如此。

我在做公司职员的时候，既没有愿景也没有目标，脑子里只想着 "能挣点工资混口饭吃就行"，"像现在这样混得过去就行。按照吩咐去做就行"。结果被解雇了。

那是因为没有 "在什么时间之前必须做到" 的目标。如果当时至少有个 "在东京本部下面的札幌分公司当个营业经理" 这样的目标，也许情况就不一样了。

如果觉得制订 10 年目标太难，至少也应该有个 1 年目标。在树立了 "一年后我想要变成这样" 的目标以后，可以继续细分为一个季度，即 13 周应该达成的小目标，进而一个一个地加以实现。

国家也需要目标。但是，我从未听到日本的政治家提起过

20年以后日本的目标。例如，如何减少日本政府1000兆日元的债务。在什么时间之前，通过什么方法减少。如果能明确提出目标与过程，并讲清楚为此必须付出什么代价，日本国民一定愿意接受。正因为没有目标，国民才接受不了。这种鼠目寸光的做法，永远无法改变日本，让日本变得更好。

事实上每个人都需要制订一个20年以上的目标，并且养成思考为了实现目标应该怎么行动的习惯。**从目标逆推，制订眼前的目标，思考"现在怎么做才能完成目标"，这样的话，就不会白白浪费时间了。**

NITORI现在的目标是"2020年店铺1000家，营业额1兆日元"，"2032年店铺3000家，营业额3兆日元"。为了实现这个目标，2007年在中国台湾的高雄市开了第一家海外店，目前在中国台湾的分店已经达到24家。2013年在连锁店的故乡，美国的洛杉矶郊外开店。2014年开始在中国大陆开店。

迄今为止，遇到过雷曼危机以及日元贬值这样的逆境，每次都化险为夷。员工们也在逆境中获得了成长。我相信"2032年店铺3000家，营业额3兆日元"这个目标一定能实现。

第 **3** 章

"热情"源自高目标

热情要用数字说话

每次我说"热情非常重要"的时候，大家都会回答："我也有热情呀！"

一般人所理解的热情，并非 NITORI 所说的热情。因为一般人既没有愿景也没有目标，热情的层次过低。

热情必须用数字说话。"我要努力再提高 20%"和"我要努力提高 100 倍"，两者是有本质区别的。各位拥有"我要努力提高 100 倍"这样的热情吗？正因为没有加入数字，所以才会说："我也有热情呀！"仅仅是"热情"的话，过于抽象。

我在 30 年计划中提出的目标，最初是"30 年 30 家店铺"，但被渥美老师说"太低"，于是增加到了"30 年 100 家店铺"。一开始我也自认为"这根本不可能"，但对老师的信任让我一直不断努力，并最终实现了目标。

只需付出平常的努力就能实现的目标不是真正的目标。只有"付出平常的努力根本不可能实现"的目标才是真正的目标。而热情就是"无论如何也要实现"的决心。

"为了他人，为了社会"所需要的数字一定非常大，所以必须有 100 倍思维。"要做到现在的 100 倍",这种决心就是热情,而"再增加 20%"只能称为"欲望"。

如果没有目标,一家公司的成长速度,最多是"十年两倍"。

而 NITORI 却以五年两倍、十年四倍的速度在成长。为什么能达到这么快的成长速度呢? 关键是提出了不这样就无法实现的目标,并且朝着这个目标不断努力的缘故。

热情会因为目标的巨大而不断高涨。

普通人即使有目标,一般也只是 3 年、5 年目标而已。只看得到数年后的未来,而且是以自己现有的基础制订计划,所以即使实现了目标,能见到的风景也并无太大区别。

例如在札幌只有两家分店的时候,如果两倍就是 4 家分店,而且也不会走出札幌市区。如果只有这种眼界的话,热情程度也就可想而知。"十年两倍"的目标,就只有相应的热情。

但是,如果把目标放远至 20 年、30 年以后,并且是 10 倍、100 倍的话,目标实现之际,看到的风景与现在的风景将有天壤之别。假设现在只有两家分店,100 倍的话就是 200 家。不要说在札幌,即使在整个北海道也不可能实现,无论如何需要走向日本全国。

于是,在脑海里描绘出在全日本开店的蓝图,并斗志昂扬地说:"一定会实现的!"这才是真正的热情。

我曾经请教渥美老师:"达到怎样的规模,才可以说是为日本人的生活做出了贡献呢?"老师的回答是:"在全日本开出500 家分店。"老师还说:"在日本全国所有 50 万人以上的地方都开店,就超过了 500 家。"现在日本国内已经有 400 家分店,再努力一下就能达到目标了。但是,实现了 500 家分店的目标以后,还有更大的目标等着我。"为了他人,为了社会",努力永远没有尽头。

有助于实现目标的工作计划

要提高热情，在拥有远大目标的同时，还需要把大目标转化为"现在努力一下就能达到的小目标"。

我每天早上召集 30—40 人的经理开会。每周三次，周一、周二和周三，由各部门的负责人对当周的数据进行观察、分析、判断后进行发言，每人 10 分钟，每次 5—6 人。这么做是因为 NITORI 实行的是被叫作"weekly management"的每周决算制度。规定每周的周一之前上报前一周的数据。

把 30 年计划这样远大的目标按照"30 年计划→10 年计划→3 年计划→1 年（52 周）计划→一季度（13 周）计划→1 周计划"进行分解，每年 52 周，把每家店铺，每个地区，每种商品归纳成数据进行分析。也就是说为了完成一年的目标，对每周进行目标管理。这称为"工作计划"。

能做到这样的公司大概不多吧。如果使用软件公司销售的普通系统软件，做不出前一周的数据。

决定采取按周决算的做法，是因为如果按月决算，发现问题的时候来不及处理。

很多公司采取的是按月决算的方法，而且一般要到下个月的 5 日甚至 10 日才能出数据。这么晚的话，如果在销售中出现了问题，已经无法在当月拿出对策，势必要拖到下个月。如果发生了问题但没有及时了解，往往容易陷入被动局面。

此外，如果按月决算，每个月的天数既有 30 天也有 31 天，还有 2 月份这样的 28 天。星期几也不固定，这样就无法进行精确比较。按周决算的话则每年都相同。哪怕 1000 年以后，天数和一周七天也是固定的。

关于一年的计划是，先把一年分成 52 周，制订相当于一季度的 13 周计划，并且每周都有"单元"这个模块。每年开始之前，在 52 周计划中，填入"这一周做什么"的工作计划。这样的单元每年有数百个。这部分因人而异，但至少有 300—400 个单元，多的人甚至达到 600—1000 个单元。

对经理则要求每周提交包含有观察、分析和判断的报告。

发生问题的时候，不仅要分析问题原因，还要在确认事实之后提出对策。"确认事实"非常关键，必须到现场去进行确认。不去现场只是纸上谈兵进行推测的话，有可能得出与实际不符，甚至完全错误的答案。

首先确认事实，看清问题所在，然后进行分析，思考"为什么会这样"。在此基础上提出对现状的改善方案，然后进一步

提出改革方案。所谓改革方案是指方向一致，但否定以往做法，取而代之以崭新的其他方法。改善方案必须在当周，最晚在下一周提出，但根本性的改革方案或许需要几周、几个月。

每周的报告中还需要填写"一年后必须成为什么样子"，也就是在这一周事先制订第二年的计划。然后在第二年度开始之前整理这些计划，制订成含有数百个单元的一年计划。

不事先制订计划，在这一年开始以后漫无目的行动的话，就会想"这么做不行，那就那么做吧"，造成时间和业务的浪费。所以，制订好计划，面向未来开展工作极其重要。

每家店铺也以一周为单位制订工作计划。由店长制订，楼层经理或副店长协助。

渥美先生也让我"实行周决算"，但没有教我具体该如何操作。NITORI一边摸索一边做，制定了使用计算机进行周决算的制度。并且随着时代的发展，把一开始使用大型计算机的系统，改成现在这样用普通电脑来做。这个做起来非常不容易，花了10年左右才建成这个系统。

简单的系统无法看到哪个部门、哪个产品有问题。要想通过数据掌握具体情况，必须对几十个品种，一万多个条目中的每一个，每周总结出数据，再从中发现问题。完成这样的系统，需要10年、20年，甚至更长。

与其努力"销售"，不如努力搭建"畅销"系统

从渥美老师那儿学到的连锁店理论中，有一个关键词是**"系统化"。**

将有关商业的所有内容标准化以后，任何地方、任何人都可以做同样的事情。统一的价格、品质、商品结构，以及统一的工作方法。

不是要求每个人努力"销售"，而是由公司搭建"畅销"的环境。不是让员工"去赚钱"，而是为员工提供"能赚钱"的条件。

即使员工不做特别努力，也能自然而然地有这个结果。

即使有个别员工花费了大量时间提高了营业额，别的员工或许会说："这个我做不到。"所以，关键是建立一个系统，让员工们无须花费很多时间，自然而然地就能完成相同工作。

我认为："所谓系统就是'好习惯'。"

找到坏习惯，并且彻底改掉。养成好习惯，进而扩大到全公司，使之生根发芽。这就是 corporate culture，即企业文化。

在加入天马俱乐部之前，NITORI 并没有实施数字化经营。

没有数字意味着抽象，不易理解，容易导致徒劳和失败。为了改变这个坏习惯，我说："不用数字说话的公司不是在工作，要么在玩，要么纯粹出于兴趣。"同时要求员工在任何地方都必须添加数字。现在，无论什么工作内容全都含有数字，这已经成为 NITORI 式的做法。

构筑系统需要时间。要养成一个好习惯，更是需要 10 年、20 年不停地重复说同样的话，不停地要求自己去执行。不能只是偶尔想起来才说，不能半途而废。总之需要不停地说，直到百分之百做到。

愉快的工作需要"愿景"和"目标"

创业以来，我的目标是"做一家好的公司，做一家员工能愉快工作的公司"。

就像我经常思考"如何才能让顾客高兴"一样，同时也在思考"如何才能增加员工的财产"。希望员工们有一天能获得大于大企业几倍的生涯薪资，希望他们能说一句："啊，能在 NITORI 工作太好了，真幸福。"

在《周刊东洋经济》（2016 年 6 月 4 日刊）的特集"毕业生选择的'2017 希望就职的公司排名前 300'"中，NITORI 排在男性第 19 位，女性第 53 位，综合排名第 34 位。入选的有电通、JR 东日本和三井物产等代表日本的响当当的企业。在这之前发布的日本经济新闻社和大型就职信息公司 Mynavi 的调查（约 3.5 万人参与投票）结果中，NITORI 位于文科第 37 位，大致相同。这在流通业中无疑是首屈一指的。

我们的目标是进入综合排名前十位，从而提高包括 NITORI 在内的整个流通行业的形象。

观察学生的选择动机可见，女性更加注重"企业价值"

以及"优良的商品和服务"，这可以理解。男性更加注重"是否是大型企业"，而"对社会的贡献度"处于低位，这不免让人有些担心。不过，男女都认为"对人有帮助的工作"很重要，这一结果令人欣慰。

要吸引学生们来公司工作，好的劳动条件自然不必说，更重要的是帮助他们找到对未来的梦想和希望，这依然离不开愿景和目标。

此外，能感受到自己的成长也十分重要。白井先生他们那一代人，和我一起一条一条地学习连锁店理论，从年轻时候就开始用自己的双手使之逐个变为现实。我想这应该是工作的乐趣所在吧。**从一次次小小的成功体验中，感受到"自己进步了"，"自己在成长"，然后进一步萌发努力的欲望。**

公司的成长当然很重要，但每个人最看中的还是自身，所以一定要让员工感受到自己的成长。"不是为了公司，为了社长工作，公司是实现自我的地方。"希望 NITORI 能成为一家这样的公司。**只要拥有共同的愿景和目标，即使大家并不认为是"为了公司"，也不可能出现各种不同的努力方向。**

每一位员工要持续成长，除了公司的目标外，希望个人也能明确自己的目标。所谓个人的目标，即 20 年后、30 年后自己所希望成为的那个样子,并且要时刻记在脑海里,每天努力地朝着这个方向前进。

NITORI 为了让大家找到个人的目标,要求每名员工填写一份"生涯设计职业发展表"。

表格要求就"你所希望的未来是什么"进行回答,然后从未来往现在倒推,把 30 年后、10 年后、5 年后、3 年后和 1 年后,现在自己所希望的样子写下来,而且要填写那时的职务或资格。

职务或资格是取得的成果、成绩的标准之一,工资也由此决定。所以,这其实也是一个"到了这个年龄希望获得这个数目的工资酬劳"的目标。

这张职业发展计划表是我在 10 年前认为**"公司有发展规划,个人也一样需要规划"**而开始实施的。我很早就开始下令"希望每名员工提交自己个人的目标",但大家虽然嘴巴上答应,真正写的人,10 个里面只有一个。正因为如此,大部分人最终都碌碌无为。因为我再怎么强调必须写也没人听,所以就以职业发展计划表的形式强制大家填写。这也是出于希望大家成长的目的。

比较一下表格中所填写的内容和实际的成长程度可以看出,那些让人觉得"真奇怪,怎么没什么进步"的人,往往在表格中填写的 10 年后的目标比较低。30 岁的人 10 年后的目标只是"店长"的话也太不值一提了，更何况只是"chief manager"。看到这样的计划，我真觉得应该重写。10 年后的目标必须是一个大目标。不是"为了公司"或"为了社长"，而是为了自己，为了自己的成长，应该填写一个大目标。可以的话，希望不管是新职员还是从别的公司跳槽过来的职员，大家的目标都是当 NITORI 的社长，并且主动地进行各式各样的挑战。二十几岁允许失败，三十几岁失败也没什么。即使失败，责任也是由公司承担。

发现员工特长的"轮岗教育"

NITORI 实施"轮岗教育",即不断改变部门,让员工学习更多的工种。

这是在 40 年前,加入天马俱乐部学习了组织论以后开始实施的。渥美老师在连锁店理论中说:"要想让员工学会新的知识和技能,就必须每隔 18 个月进行岗位调动。"

每 18 个月就要轮换岗位,并且能很好地掌握工作要领,充分发挥作用,这必须是极其优秀的员工才能做得到。在 NI-TORI,为了使员工能够更好地掌握工作要领,一般会安排在一个部门工作两到三年。

轮岗教育的好处之一是,可以发现每个人潜在的长处。只做一项工作看不到的长处,有可能会因为试着让他做另外一项工作才突然发现:"啊!原来他擅长的是这个。"

每一名员工,年龄不同,工种不同,所拥有的资格和技术也不同。一个人真正适合做什么,仅凭过去的经验无法判断。只有让他不断尝试才能发现。让想当专业人员的人当经理,也是出于这样的考虑。

113

我自己完全不能胜任在店里招呼客人的工作，直到把这项工作转交给妻子，自己专门负责进货和送货以后，才发现"自己擅长的是进货"。

　　每个人都有长处和短处。短处显而易见，自己也很清楚。

　　我有很多短处，比如"不会招呼客人"就是其中之一。如果不是妻子为我弥补了这个缺陷，也许家具店早就倒闭了吧。其实我现在仍然不擅长和顾客打交道，每次都会紧张。但是和没有工作关系的人却可以轻松地交流。

　　此外还经常丢三落四，甚至忘记拉裤子拉链，而且脑袋比一般人愚笨。我最大的缺点大概是"记不住事情"吧。前几天还因为这个犯了错。

　　东京本部有一位 20 多岁的蒙古国女职员。蒙古国人和中国人在日本人眼里长得很像，当然其实总是有那么点儿不同的。但是，因为她给人的感觉和中国人十分接近，所以我总是记不住她是个蒙古国人。

　　那天在欢迎会上，我在介绍她的时候不小心说："这位是中国人。"她非常生气，说："不对，我是蒙古国人！我已经对会长说过好多次了，还总是记不住。会长丝毫不把我放在心上。是不是讨厌我？"

　　她毫不留情地发了火，我一下子有点不知所措。我老老实实地向她道歉说:"对不起。"

不管是员工的脸还是顾客的脸,我总是要见很多次、聊很多次才能勉强记住。至于人名,则是无论如何也记不住的。

甚至发生过这样的事情。参加宴会的时候,宴会开始前刚刚交换过名片,到了宴会开始后几分钟,我又去跟人家打招呼说"初次见面"并递上名片。对方说:"刚才您已经给过我名片了。"那人估计也很无语,这之后就再也没有跟我说话。我从小就是这个样子,因为这是遗传,所以我自己已经认命了。但是旁人并不知道,常常会把我记忆力不好当成"自己没有被放在心上"而感觉受到了伤害。

所以说,短处是很容易就能发现的,然而长处却往往连自己也不知道。这就需要靠周围的人仔细观察,努力挖掘。在NITORI,这是上司的职责。

经理不能总是抓着部下的短处埋怨,而是必须发现部下的长处并加以有效利用。不这样的话,部下得不到成长,业绩也无法提高。从部下的角度而言,被上司抓着自己的短处不放,不停地被臭骂、被斥责的话,也会对这个上司心生怨气。他们心里一定会想:"我的短处不用你说我也知道。有本事就好好地发挥我的作用呀!"

在轮岗教育中,转岗越晚能学会的东西越少,在同一个部门待了若干年的人，往往被上司认为"没有进步"。其中甚至有人在同一个地方待6年以上。这样的人无法跟上公司的成长步伐。

对于那些让人看不到工作热情的员工，会由上司发出黄牌警告。不过并不是吃到三张黄牌就被罚下场，而是会给予其若干次机会。总而言之，一切取决于本人的工作热情。

进步慢没有关系，重要的是不断进步，绝对不可以止步不前。我自己也是个进步很慢的人。记忆力差，数字感弱，无法像兔子一样飞奔。但是，我遵循着渥美老师的教诲，不停止脚步，至今仍然不断地"前进！前进！"渥美老师对我说："这样就可以。即使比期待的慢，只要不断前进就行，这是最重要的。"这番话让我十分开心。

所以，我也想对我的员工们说："不一定要快，只要不停止前进的步伐。"

让下属成长的理想上司

我对 NITORI 的经理们说:"上司应该 24 小时关心部下,甚至在私生活方面给予支持。"

如果在私生活中遇到烦恼,势必无法全力以赴投入工作。所以希望上司们要努力成为替部下排忧解难、建言献策的人。

结婚后婆媳关系不和,孩子让人不省心,这些都是常有的事。但个人生活方面的烦恼往往难以启齿。特别是男人,尤其不愿意把自己的弱点展现在外人面前。

这就需要上司努力成为部下愿意倾诉的那个人。但是,如果把听到的事情记下来会让人反感,所以要用脑子记住,偶尔问一句:"那之后怎么样了?还顺利吗?"这样部下就会想:"啊,上司很关心我呢!"从而获得勇气。

我自己在刚结婚的时候,家里婆媳之间也不甚和睦。

妻子嫁到我家,和我的兄弟姐妹以及父母一起生活。对于我母亲的强势,妻子一直委曲求全。

她不但要在家具店招呼顾客,还要做家务,每天只能睡 4 个小时。原来 60 多公斤的体重降到了 40 多公斤。因为过分压抑，晚上睡觉磨牙惊醒过来后发现睡着的时候竟然把被子咬烂，里面的棉花都掉出来了。

我觉得妻子实在太可怜了，于是对母亲提出"搬出去住"。

母亲很早就说过："要离开家的话，把开家具店借的钱还我！"因为当时没钱，所以开家具店的钱是向父母和熟人借的。让我还钱的话，只有关门了。但是，事到如今已别无他法。

我和妻子商量说："我可以去做搬运工，如果你再愿意出去替人烧饭的话，我们也能过得下去。"妻子说："好啊，你到哪儿我就到哪儿。"

于是我做好了"断绝亲子关系"的思想准备，告诉父母说："我们要搬出去。"

母亲果然说："不行！"如果我和妻子离开的话，就没有人照顾店里的生意了。她大概也觉得这样不好收场，经过一番争论之后终于说："知道了。你们搬出去吧。"

就这样我和妻子离开家开始了两个人的生活。因为没有了家事的烦恼，开始积极地考虑工作方面的事情。

正因为有这样的经历，所以我知道"家里一旦有什么烦恼，会让人无精打采，也没有工作热情"。心累的话，连脑子都不想动。

正因为对工作的影响很大，所以上司不仅要在工作上，还

要在个人生活方面对部下负责。帮助部下消除烦恼也是上司的工作内容之一。我自己对 NITORI 的董事们这些老部下的烦恼都了如指掌。例如妻子身体不好啦，孩子遇到了问题啦，本人有慢性病啦之类。有时还会帮他们介绍医院。

一个人踏入社会以后，上司在他成长道路上的作用不容小觑。

NITORI 公司里也有很多"如果有机会，明明可以更好发展"的人。而能否获得机会，则取决于上司。

把艰巨的任务交给想要获得成长的部下，并且在他努力奋斗的过程中用爱去守护，这是理想的上司。

这并不是说要做一个"部下觉得和善的上司"，反而最好做一个严厉且令人害怕的上司。上司希望自己成长，还是只是暂时利用自己而已，作为部下其实心里一清二楚。不管态度如何，不停地让部下接受挑战，并且告诉部下："失败的责任由我来承担！"上级不这样做，下级得不到锻炼。如果上司给人的感觉是"如果失败了，不知道会被怎么说"，作为部下当然不可能有挑战精神。

如果没有人在背后推一把，而是任其自生自灭的话，能够成长起来的人全公司估计也就几十个。但如果所有的上司都在部下的背后推一把，这个比例会高得多。

打击积极性的语言

个人生活的烦恼中，常见的是和婆婆、小姑子之间的关系，但最多的还是夫妻关系。

以我的经验而言，这种时候往往是丈夫一方需要反省。

例如在家里，丈夫因为被放着的什么东西绊了一下，于是一脚把东西踢飞。

这种时候绝对不可以大发雷霆："为什么把这种东西放在这里！"如果这个时候丈夫诚实地道歉说："是我不好。"那么妻子就会说："都怪我放在这里。"这样两人才能和睦相处。

特别不可取的是对妻子摆出一副"是我在工作养活你"的态度。如果这样的话，两人之间肯定要出问题。

我对妻子的付出心怀感激。她曾经对我说："你唯一的优点就是从来没有说过'是我在养活你'这种话。"事实上，据说妻子已经想好如果我说出"你能有饭吃多亏了我，不要抱怨"这样的话，立刻就跟我离婚。她说："这种男人最令人讨厌。妻子在家里也是在工作。"所以这句话的杀伤力非常大。

做生意的时候也一样。员工之间、上级和下级之间、社长和员工之间，感情上必须是平等的关系。

如果社长说："是我给你们发工资，所以要对我感恩。"员工们的工作热情瞬间就会消失殆尽。我认为这种公司还是不待的好。

公司和员工、社长和员工，是一种相依为命的关系。

我经常心怀感激地说："我是靠着员工们才有饭吃。"员工里面也有许多令我尊敬、令我佩服，让我觉得"无法企及"的人。

在 NITORI，规定从新职员到会长，无论男女，互相称呼时必须加"さん"①。

对白井社长，人家也都称呼为"白井さん"。一般员工也好经理也好，老员工也好新人也好，认为互相之间都是平等的，这一点非常重要。当然，带"长"的人要肩负一份责任，所以在工作中严厉批评或者大发雷霆也是必要的。但是，责任重大与是否了不起无关。

不仅在公司里如此，无论何种职业的人，我都努力以平等的态度与他们打交道。更进一步说，世界上所有的人都是平等

———————

① 日语中的尊称。

的。即使跨越国界，无论男女老幼，大家平等。谁也不可以歧视谁。一旦发生歧视，被歧视的那一方一定心情不爽，并且再也不想和对方打交道。没有博爱的胸怀，一定做不到生意的全球化。

缘分是"创造"出来的

夫妻关系也好，上下级关系也好，公司与员工的关系也好，都有是否投缘的问题。我认为投缘是通过互相之间的努力"创造"出来的。

如果希望跟某个人顺利相处，最好能用自己的长处弥补对方的短处，用对方的长处弥补自己的短处。这就是所谓的"创造缘分"。通过互相之间的取长补短，作为一个团队能产生巨大的能量。

个人与公司之间的缘分亦是如此。如果想要数落公司的缺点，无疑不胜枚举。不设法看到事物好的一面，光盯着上司和同事做得不好的地方，自然有没完没了的抱怨。毫无瑕疵的完美个人，无比优秀的理想公司，这个世界上并不存在。进入一家新的公司，就要有意识地"创造"和公司之间的缘分。

前面我说过"能留在公司里的人，都是坦诚的人"。所谓坦诚，也包含"要看到事物好的一面"的意思。优秀的人无论到哪家公司，都容易使上级看起来很无能。越是处理事务和工作能力强的人，越容易用自己的标准把对方和自己进行比较。而这其实就是盯着对方的短处看，这样会看不见对方真正的实力。

不仅仅是我，这个世界上有很多社长都是笨得令人意外，甚至经常做出一些愚蠢的事情。但并不能说，因为是这样的人，就不具备当社长的能力。

在经营中，重要的是心中有愿景和目标。所以，作为社长，首先必须心怀愿景和目标。眼光看到几十年之后，制订宏伟的目标，并且带领大家朝着目标前行。这是社长必须具备的能力。

我自己也认为"自己的工作是制订公司的规划，并考虑如何才能实现"。

关注事物长处的人，在看到我这样的人时，也会设法寻找我的优点。他们会想："这个人虽说脑子不聪明，但是能把公司发展到如此之大，一定有什么可取之处吧。"

此外，从男女关系来说，一开始就完全互相合适的人肯定不存在。即使恋爱的时候没什么，结婚三年后，两个人的缺点就显现出来了。

这个时候，不是想"这个婚姻很失败"，而是想"好歹是有缘人"，并努力适应对方。对对方的缺点闭上眼睛，对对方的优点睁大眼睛。互相接受对方的个性，并努力"创造"两人之间的缘分。

　　好的夫妻,是能够互相创造缘分的人。如果只是一味地强调自己的立场,只能落得离婚的下场。如果看不到对方在努力创造和自己的缘分,最后也会被抛弃。职场和婚姻一样,都取决于看待事物的方式,由此带来或分或合的结果。

成功人士的最大特征

NITORI 公司有八名心理咨询师，年龄在五六十岁。他们的工作是倾听员工工作上的问题并出谋划策。公司通过多方面的测试了解每名员工的性格倾向，研究他们的适应性，作为进行指导的依据。对员工进行心理上的关心，也是出于帮助那些无法积极投入工作，不能顺利成长的员工提高积极性且继续努力的目的。

从别的公司跳槽来 NITORI 工作的员工进行的咨询，我也亲自参与。利用中午在员工食堂吃饭的时间，每次和两名员工交谈。虽然我没有咨询师的资格证书，但作为一个很早把性格测试引入公司的人，早已自学了相关知识。我自认为"比起没有经验的咨询师，我更擅长提高员工的积极性"。跟员工的谈话每次一个小时左右，因为我的咨询分析获得勇气进而改变的人不在少数。

跳槽到公司来的人，往往希望从事可以用到以前经验的工作。NITORI 规定跳槽进来的人也必须先在店铺工作半年到一年。我劝他们说："能够利用以前公司的经验当然是好事，但也许你性格方面还有不一样的长处。所以可以试着做一些以前没有经历过的工作。"让他们当楼层经理或者店长，询问他们："在店铺里发现什么自己喜欢或者觉得有趣的东西了吗？"这样既能够知道他们的兴趣，也能够判断出他们适合的工作。

我对员工最大的要求是要有积极性。

我和白井先生在性格测试中的共同点都是积极性高，其他还有情绪稳定、社会性方面为外向型、喜好变化、对风险无不安感。

敢于积极挑战新事物的人，往往倾向于把事物往好的方面想，对以后的发展比较乐观，总是认为："最终会顺利的。"这与不是看到别人的短处而是看到别人的长处一样，主观意志可以改变一切。不能果断挑战的人，要么事事持怀疑态度，要么内心怀有强烈的不安。其实就是不够坦诚。

虽然有的性格是天生的，但也可以有意识地努力改变。**重要的是不要想得太多，这是一个人能否成功的关键之处。**想得太多容易胆怯，结果就是把机会放跑。人生取决于是否能抓住机会，做生意亦是如此。

要做到这一点就需要尽可能乐观，不要有多余的考虑。可以观察事物不好的那一面，但那是为了思考"应该如何克服"。必须永远保持前进、前进的劲头。

很多人明明拥有改变的能力，却因为没有跨出去的勇气而原地踏步。这时在他的背后推一把，帮助他跨出第一步，就是心理咨询师的工作。

在心理咨询的过程中，我会鼓励他们"把想说的话说出来"，"即使失败也没关系，尽管去做吧"。之所以这么说，是因为有不少人很介意周围人的看法，总是患得患失地克制自己，担心"说出来也许会把事情弄糟糕"。

经常有人在开会的时候，即使持反对意见或者发现了问题，也会采取"我要是说出来会影响气氛，还是不说了吧"的做法。那些从别的公司跳槽来的人尤其容易心生顾虑。这样并不好，该说的话必须清楚地说出来。

不管别人说什么，如果明白"为了达到目标，就必须这么做"的道理，就应该坦诚地说出来，无须顾虑。NITORI 的员工人人平等，想说的话尽管说，想坚持的主张尽管坚持。

当然，如果总是和周围人吵架，自然也无法有效开展工作。

当工作进展不顺利时，经常会听到诸如"上司不让我干""部下不愿意干""其他部门不配合"之类的话。其实并非如此。要怪只能怪你自己无法让上司或者部下以及相关部门为你所用。能否用好上司或者部下，以及其他部门，都取决于你自己。必须有这样的认识。

虽然看上去有些矛盾，但最好的性格是既有协调性，又有攻击性。也就是"不引起不必要的麻烦，但该说的话会直截了当地说"。

在招工面试的时候，那些该说的话没有说的人，哪怕是东京大学或者京都大学的毕业生，照样还是不录用。那些因为在意周围而不发言的人，会成为没有存在感的隐形人。

但是，最近这样善于察言观色的人多了起来。原因大概是生为家里的长子或者长女，习惯于周围人的主动给予，他们在一种不需要自己主动索取的环境中长大。我自己成长在战争刚刚结束的时代，如果不主动索取什么也得不到。当然如今已今非昔比。

人类的行为，尽管也会因为受到环境的影响，或者通过自己的努力而改变，但有一部分是与生俱来，无法改变的。就像兄弟姐妹中，有的像妈妈，有的像爸爸。

我的母亲是一个性格开朗，有气度的人。我继承了她的这种性格，虽然脑袋不聪明，但性格比任何人都开朗。现在想想，比起长个聪明脑袋考上东京大学，我反而庆幸自己继承了母亲这样的性格。

与其纠结于自己的性格，倒不如好好了解自己的性格，然后努力扬长避短。

采用"6级评价法"的理由

好的评价制度有利于保持员工的工作积极性。

日本企业大都采用论资排辈的做法，即使再努力，在收入方面也并无多大差别。但 NITORI 重视员工的努力，并相应地提高收入。奖金也与一般的公司差距大。不过，仅靠这些还不足以提高积极性。**最大的问题是，如何提高那些甘于维持现状，认为"这样也挺好"的一部分人的积极性。我认为这必须在评价制度上下功夫，我为此苦思冥想了几十年。**

2011 年开始使用"把工作状况分成 6 级进行评价"的做法。

NITORI 原来用的是 5 级评价法。由上级对下级进行评价，这也是当时普遍的做法，不同的是 NITORI 把评价结果告知本人。并且与上级之间设置咨询通道，由上级对"为什么是这个评价结果"进行说明。

大部分人对于只是单方面被打分觉得难以接受，但公司的评价标准十分明确清晰，只要能对评价结果进行合理说明，一般都能理解，员工同时也会表示今后将更加努力。

但是，采取 5 级评价法的结果是，中间 3 级的人数往往占全体的三分之二。作为上司，评为 3 级最保险，也最容易。

4 级和 5 级，只有极少数优秀的人才能获得。所以 3 级的数量最多。但 3 级的人数过多，带来了"大家一起闯红灯便不可怕"的后果。员工们因为"大家都一样"而感到心安理得。这就导致那些实际上属于"中等偏下"，必须更加努力的人也误以为"自己还行"，于是安于现状、不求上进。

怎样才能让这一部分人更有干劲呢？

苦思冥想之后，想到了"取消人数最多的 3 级"这个办法，即取消中间段。这种时候，大部分人往往会想"别人是怎么做的呢"而去参考别人的做法，**但我一向主张"试着做别人不做的事情"，喜欢跟大部分人反其道而行之。**

当时的想法是"取消中间段"，所以先试着实施了 4 级评价法。结果，这在心理上让人难以接受。4 级中的"2"和"3"给人感觉差距很大。被评为 2 级的人悲观地认为"自己太差劲"，甚至不断出现因此而辞职的人。这样，会让负责评价的上司很难评成 2 级。

于是增加到了 6 级。在 6 级评价中即使评了"3 级"，因为下面还有 2 级，整体上处于中间阶段，所以让人比较容易接受。被评价的人也会有"有足够机会可以从 3 级升到 4 级"

的动力。事实上有很多员工上升到 3 级或者 4 级。不过这样做对新员工来说有些苛刻，所以进公司 4 年之内的员工还是按照原来的 5 级评价，第 5 年开始接受 6 级评价。这也是提高积极性的一个措施。

提高热情的进修制度"NITORI 大学"

另外一个提高员工热情的做法是重视进修制度。

我本人把培育人才作为兴趣,并以此作为毕生的事业。NITORI 对可塑之才进行积极的教育投资。这也是在传递一个信号,即"请给我数倍于这个投资的回报"。每年对各人投入多少,也都记录在册。对员工的教育已经形成体系,这些课程统称为"NITORI 大学"。

但是,并非一开始就像现在这样。这是经过多年的摸索,才渐渐形成的体系。现在光是教育部门的工作人员就有 20—30 名,并且还拥有公司自己的讲师。

例如,对新进员工实施为期 3 年的特别研修。最近一届的人数达到 400 名,所以已经成为一项大工程。

为了使员工保持高涨的热情,还让他们去体验产生愿景的原点。这就是美国研修旅行。NITORI 每年 5 月份组织所有前一年进公司的员工去美国。然后平均每 3 年再去一次。之所以每 3 年一次,是因为即使通过旅行再一次确认了愿景,过了 3 年也会忘记。

到了美国，感叹着"啊！太棒了！"然后猛然发现自己已经忘记了愿景，于是回国后重新振奋精神投入工作。即便如此，一年后，干劲又减掉了一半，两年后就变成了五分之一，3 年后重新归零。人都是这样的，所以才决定每 3 年重复一遍。从这个意义上来说，NITORI 的美国研修旅行其实也是"理想之旅"。

2016 年的 5 月和 6 月 500 名，秋天 400 名，共组织了 900 名员工去美国研修旅行。从比例上来说，约占除了新人以外的 4000 名员工的四分之一。除此以外还有欧洲研修，以及去 NITORI 在印度尼西亚和越南的家具制造公司——NITORI 家具——的研修。

NITORI 现在仍然是天马俱乐部成员，每年用于支付研讨会以及其他方面的费用约 1 亿日元。教育费用每年总共达到数亿日元。

公司还积极致力于提高女性的战斗力。

NITORI 客户的三分之二为女性。从商品展示到厕所设计，女性的视角举足轻重。厨房用品之类的商品也需要以平时下厨房的人的视角来策划。搭配的关键是颜色，而女性对色调的感觉，与生俱来比男性敏锐。

十年前，NITORI 的女职员比例很低。这是因为现场多为需要体力的工作，女性往往被认为体力不好。现在通过在设备方面的改进，女性也能搬运重物，所以女性的录取比例达到了50%。报酬方面也实现了平等。现在女性执行董事有两名，但女店长还很少，仅 20 名左右，这也是事实。我希望能把这个比例提高到 50%。目前女性买手和商品策划占三分之一，将来的目标是提高到 50%左右。买手的工作是选择这个世界上现有的商品以不断完善商品结构，商品策划的工作是制造出这个世界上没有的商品。

公司内部制度也逐渐改善，变得越来越有利于女性工作。例如，从前不管是结婚了还是怀孕了，规定上班时间一律为 8点，现在可以提出自己希望的工作时间。

还可以申请工作地点。轮岗教育在独身的年轻时代还可以，但结婚以后会有家庭的问题。这时虽然工资待遇会有一些变化，但可以通过自己申请决定工作区域。全日本分为关东、北海道等6—7 个区域，并设置了区域限定职员这一制度。女性可以在生育的时候成为区域限定职员，等照顾孩子告一段落后重新恢复成全国职员。

如果家里有需要照顾的人，会安排员工先在离家近的地方工作。等家里的事情结束后再回到原来的地方。

女性有生孩子、照顾孩子这些影响工作的事情。以前一旦有了孩子选择辞职的人很多，现在允许申请为期两年的育儿假。回来工作以后，原来的工资也能得到保证。事实上，目前全公司有 70 名左右的女性请了育儿假。令人高兴的是，大部分女性因此可以在生了孩子以后继续留在公司工作。这些都是在听取了女性职员的意见后制定的制度。

达成愿景与目标的"5 大口号"

要达成愿景和目标，有 5 个"主义"必须常记心中。在 NITORI 被称为"5 大口号"。这和"成功 5 原则"一样，是受渥美老师教导，然后由我自己归纳而成。

5 大口号是：

①第一主义

②集中主义

③先制主义

④经验主义

⑤目标主义

所谓"第一主义"，是指"凡事都要争第一"。"第一主义"的反义词是"二流主义"。有位国会议员曾说："第二名不可以吗？"绝对不可以。第二名、第三名都不可以。什么都必须争第一。在公司里，我经常说："你们首先要在各自的部门力争第一，接着在各自的店铺力争第一，然后在各地区、各地域，直至全国力争第一！"例如，如果是札幌的店铺，首先做札幌第一，然后做北海道第一。全国一共有六个区域，接下来就是在一个区域 60 家店铺中力争第一名。接着就是日本第一。完成一个目标之后，逐步扩大范围。

所谓"集中主义"，是指不搞多元化，全身心投入本行业。这是为了把力量集中到一件事情上来。集中主义的反义词是"分散、多元化主义"。

衣食住中，NITORI 只做有关"住"方面的内容。公司内部也是一样，由上层直接管理的部门有 30 个，但禁止各部门领导兼任其他部门的工作。因为我的看法是"只有集中做某一项工作才能成功"。人事、组织、教育、劳务等工作也一样，不设兼任，一项工作就由一个人负责。

所谓"先制主义"，是指做别人还没有做过的事情。做日本首次、世界首次的事情。因为只有最早做的人才能从中获利。NITORI 有很多这样的经验。

以往的新行业开发、后勤改革、互联网销售以及法人事业部等，都是从零开始启动。公司内部管理由大型计算机改为微型电脑系统，物流由通过商社改为由自己公司安排……总之，接连不断地推出新的举措，有一些甚至完全改变以往的做法。先制主义的反义词是"对策主义"。

所谓"经验主义",是指尽量让员工增加经历。人经历失败才能成长,为此,NITORI 采取"轮岗教育"制度。让员工短时间内不断变换岗位,体验不同种类的工作。经验主义的反义词是"发明主义",即只愿意想,不愿意做。

即将踏入社会的各位,迄今为止一直在学校的课桌上学习。踏入社会以后这种做法就行不通了。必须了解问题是什么,课题是什么,在用脑袋思考之前首先试着去做,这一点非常重要。不是纸上谈兵,而是到现场亲身体验,才能发现以往没有发现的问题。请大家一定要养成这样的习惯,发生了什么事情以后,先去现场亲眼确认。

所谓"目标主义",是指树立目标,并逆推出现在必须做的事情。

要思考 20 年、30 年之后的事情,并朝着这个目标前进。无论是经营公司还是提高个人能力,这一点都非常重要。目标主义的反义词是"宿命、局限主义"或"认知主义"。这会导致认为"就算努力也不会改变"而放弃。还有就是以现在所看到的事物为基准思考问题。这其实就是我自己过去一无是处时的样子。

达成愿景与目标的 "3C + C"

追求愿景与目标的过程中必然伴随风险。要完成通常不能完成的事，就需要进行通常不会做的冒险和挑战。**不冒大的风险，不可能达成愿景与目标。**没有风险的事不会带来收获。不惧失败，冒着风险付诸行动，这种思想准备非常重要。

在NITORI，把"变化（Change）"、"挑战（Challenge）"、"竞争（Competition）"三个词的首字母合在一起称为3C。意思是不惧变化，随时准备否定现状，树立看似无法实现的远大目标，并朝着目标奋斗。

挑战是指向一般常识认为不可能战胜的对手宣战。在NITORI，说到"挑战"，便意味着"树立一个看似无法实现的目标，并朝着目标奋进"。挑战免不了战斗，不要畏惧竞争。就NITORI公司内部而言，同一年进公司的人有很多，也会举行交流会和联欢会。通过积极的交流，互相把对方变成那个让自己觉得"这家伙是对手"的人。只有不断跟对手竞争，互相切磋，大家才能成长、改变，一点点接近目标。

要达成通常而言无法达成的目标，首先必须从大脑中删去

常识和惯例，从一张白纸开始思考。如果保持原状将很难做到，所以要把环境的变化当作机会，努力让自己成为变化的主角。要成为变化的主角，自身首先要灵活应变，并不断改变自我。

除了 3C 以外，"交流（Communication）"也十分重要的，这样就成了"3C + C"。

我原本不善于讲话。但是，既不善于讲话也不善于读写的人会被叫作笨蛋。于是只能放下自己的好恶，逼自己说话。学英语亦是如此。要主动跟上司说话，努力尝试沟通。不要自己限定交友范围。

与公司外部的交流也很重要。NITORI 投放电视广告，或者身为社长的我上电视节目，不仅可以宣传 NITORI，对员工们来说也是一种刺激。就在前几天，曾经做过咨询的一名员工对我说："在北海道老家的妈妈打电话对我说：'似鸟会长上电视节目了！'"他觉得"会长上电视，带来了亲子之间的交流，自己觉得似乎对父母行了孝道"。

创业期的 NITORI，一说自己是家具店就给人以不好的印象，员工们似乎也抬不起头来。最近，NITORI 在市中心开店，加上良好的业绩开始引人注目，还经常被电视台和杂志报道。

NITORI 终于可以让员工们对任何人都能挺起胸膛自豪地说："我在 NITORI 工作！"随着名声大振，经常有地方政府联系我们说："希望也能在我们这儿开店。"这正中我下怀，于是就会把店铺开到那个地方。

但是，随着公司的日益扩大，店铺数量增加，交流方面也出现了问题。让全体员工贯彻愿景与目标变得越来越难。

连锁化即标准化，需要全公司统一做法，沟通就显得尤其重要。如果只有 10 名下属，每天交流并非什么难事，但数量多了以后，连每天见到所有成员都不太可能。以往每年都会邀请全体员工举行联欢会，现在员工数量增多，做起来确实困难了。

公司每季度召开一次全体店长会议。现在有 400 家店铺，聚集一次不容易，让每个人都发言也不容易。但是，正是因为机会难得，因此还是坚持让每个人都简短地发一下言，会议结束后再开联欢会。除此之外，还利用公司简报和联欢会等，尽可能创造机会让员工陈述自己的想法。

为了把企业的愿景与目标传递给下一代，我打算在有生之年制作一套 NITORI 自己的准则和教材。本书的出版也是基于这种考虑。虽说也可以只在公司内部制作并分发，但更希望对外公开，为更多人所用，所以委托了外部的出版社。

让目标实现的"革命"想法

我对具有革命性的事情十分感兴趣。我的乐趣是挑战和完成在一般人眼里"这是不可能的"事情。

我还喜欢从零开始做一件事情。开始的时候因为不知道能否成功而紧张、心跳加速甚至痛苦不堪，因为自己不懂而执着地四处请教、调查，一步一个脚印地努力，最终迎来鲜花盛开。我喜欢这种感觉。

正因为如此，当我说要做一件事情的时候，几乎会遭到全公司人的反对，这样的情况屡见不鲜。尽管如此，如果是我认为"应该做的"事情，即便孤军奋战仍会坚持去做。无须介意别人，改革总是伴随着反对声音。因为这是否定以往的做法，禁锢在常识中的人们当然会站到反对的队伍中。如果不一意孤行坚持改革的话，不可能达成目标。

很早以前我就有一条铁定的原则："所有董事一致反对的事情绝对应该去做。"董事们都是有常识的人，自然会用常识思考问题。如果按照他们的说法去做，只能提高 20%，哪里谈得上 100 倍。这就无法达成目标。无论是从海外进口，还

143

是在海外开公司自己生产，我每次提出来就遭到所有人的一致反对。我仍一意孤行地说："你们什么都不懂！就算我一个人也要做！"在经历了各种困难以后，最终都获得了成功。

同样是人生，一味追求安全、安定的话太过无聊。做看似不可能的事，从紧张、心跳中找到快乐。我认为这才能证明自己是活着的。

参照过去的经验，克服一切难题。积累的经验越多，越去挑战更难的事情。这就是我的人生。

现在的NITORI，经营已经步入了轨道。但视线转到海外的话，在中国和美国都还是赤字。

虽说打入了美国市场，但目前只有5家店铺，还处于实验阶段。美国比日本先进，现在即使想正式大举进入美国市场也没用。我打算再花10年左右的时间，逐步增加店铺数量，等计划和人才全部齐备之后，一举攻下美国市场。

海外市场中，我觉得在中国比在美国更容易开展业务。亚洲和过去的日本一样，没有像NITORI这样的店铺，因此可以利用现有的商品以及日本的做法。现在在中国每年新增5家店铺，接下来打算每年新增10家店铺，直至每年新增30家，计划在上海、北京、广州、深圳、武汉等地建立垄断型商圈。在上海，一个4万坪的物流中心在2017年6月开工建造。10年

144

以内中国的店铺数量将超过日本，最终仅中国将达到 2000—3000 家店铺。

现在在越南已准备好了 12 万坪的土地，其中的 2 万坪，正在建造一家两层楼的工厂，还剩 10 万坪。这是为将来店铺数增加到 1000 家，甚至 3000 家而提前做的准备。

在日本国内，打算 3 年内在埼玉县幸手市建造一处 3 万坪的总配送中心，从这里向关东各地的店铺进行配送。还打算从港口向各店铺实施直接配送。大工程还有很多很多。

在这些新的地区，在更广阔的世界，我还将一如既往地从零开始。

如今 NITORI 正在日本掀起一场居住环境的革命。

革命是开拓者的成果。第二、第三个人哪怕再努力也得不到这样的荣誉。NITORI 之所以会成功，就是因为有着"在日本掀起一场生活的革命"这一使命感。仅仅抱着"要赚钱"，"要提高营业额"的目的不可能取得大的成功。

革命，或者革新，意味着否定以往所做的事情，开辟新的道路。继续做过去做过的事情很轻松，但一定会出现意图打破现状的人。不能不慌不忙地等待，而是要做好打败这些挑战者的准备。这就必须自己先在森林中开辟出一条道路，然后在这条道路上铺上砂石，并浇上沥青加固，这样才能与后来者拉开显著的距离。如果这样也被追上的话，那就乘塞斯纳小飞机、再不行就乘喷气式飞机，总之就是一路向前。

我总是觉得如果不做些革命性的事情，就感觉不到自己活着。已经做过的事情交给别人，自己另外再开辟一条新的道路。殚精竭虑之后的成功，会让人感到莫大的快乐。虽然是一瞬间，但这种快乐一旦体验过一次，就会欲罢不能。哪怕被拿鞭子抽，被滴蜡烛油，也要克服困难冲出逆境，一个个小小的成功之后，最终迎来大成功。

现在日本国内的掌舵人是白井社长，希望他也能不顾所有人的反对，拿出"一定要这么做"的气势来。也期盼着白井社长能全盘否定我过去的做法，重新开发出一套自己的新做法。

第 4 章

没有"执着",就没有成功

要开朗、乐观、不放弃

"执着"这个词，给人以对某事异常固执、不肯放弃的负面印象。

而在 NITORI，"执着"一词有着不同的含义。**所谓"执着"，是指"在未达成目标之前，决不放弃"，为此必须"胸怀愿景与目标"，并且保持"开朗与乐观"。**

许多人无法成功，是因为一开始虽然有"试试看"的态度，但都不能持续。也就是说不够执着。一个人无论在脑子里想多少次"必须努力干"，都免不了会偷懒。就算试着努力去做了，一旦不像想象的那么顺利，也会沮丧气馁。**没有远大的目标和坚定的理想，努力必定无法持久。**

如果有一个类似于"十年后希望成为这个样子"的明确目标，那么就会明白"自己现在做的工作是朝着目标前进中的一步"，即使过程不顺利也不会轻言放弃，而是会想方设法去解决问题。这就是"执着"。

NITORI 信奉"先制主义"，喜欢挑战以往没有人做过的事情。但是，世界上第一次尝试的新方法往往不可能一帆风顺。如果因为"试过了但没有成功"而立刻放弃，那是不会有大出息的。**如果是那么简单就能做成的事情，早就有人去做了。在成功之前，不断在方法上下功夫，通过改善和改革，不断完善方法，最终为我所用。**

这种时候，需要乐观的态度，相信"只要一个个试，最终总会成功的"。反之，如果是"就算努力了也不会怎么样的"悲观态度，往往会努力到一半就丧失信心，半途而废。

开朗、乐观、不放弃，不断改进，这就是 NITORI 的风格。

对实现"尽量低价销售"的执着

我在美国，看到家具价格是日本的三分之一。回到日本后，我下决心"一定要设法把日本的家具价格降到和美国一样的水平"，并考虑以"价格是其他店的一半"为卖点。我整天就想着"一半，一半，一半。怎样才能让价格降到其他商店的一半呢"。这正是极端执着的体现。

要卖得便宜，首先进价必须便宜。我最初找的是那些"有来历"的便宜货。例如从倒闭的家具店和批发商那里流出的货物。札幌市内有一家专门经营倒闭店商品的地方，从那里进了很多货。随着店铺的增加，光札幌本地显然不够，于是前往本州寻找便宜货。

一听到哪里有资金困难的批发商或者生产商，就准备好现金直接前去采购。人在缺钱的时候，看到有一大笔现金放在面前的话，自然会两眼发光，于是就愿意把商品卖得很便宜。因为销售了大量"有来历"的商品，获得了"NITORI 价格便宜"的名声。不过，倒闭店商品麻烦也多，而且不能保证稳定的货源。

北海道地方大，家具工厂分散在各个地方，由批发商将各地工厂的商品集中起来批发给零售商店，所以批发商的势力一向很强。于是，我就琢磨着如何能瞒着批发商直接从工厂进货，因为这样进价便宜。

我的如意算盘是："最好新商品一到，我就能第一个知道。"于是为了和批发商的销售人员搞好关系，请他们吃饭喝酒，还跟他们说："我们公司将来要做大，如果你能帮我的话，业绩会上升，职位也会提高哦！"跟他们建立起了志同道合的关系之后，一有新产品到货，他们就马上打电话给我。而我一接到电话就赶过去，成为第一个看到产品的人。然后，再偷偷地跑到生产这个产品的厂家那里。

当然他们并不会马上同意卖给我，因为他们都有固定的批发商。尽管如此，我还是隔三岔五地露露面，打个招呼，聊聊家常，套套近乎。

厂家在一年中有淡季。北海道从 12 月到次年 2 月期间，因为下雪货物不能运输，零售店和批发商都处于闲散期。这时，悄悄地去看一眼厂家的仓库，就会发现仓库里产品堆积如山。于是，我的机会来了。

趁着套近乎的间隙，去看看仓库，然后看着眼前堆积如山的商品说："这阵子是积压最多的时候吧。"然后准备好现金提出我的要求说："能卖一件给我吗？"对方硬撑着说："我们只能卖给批发商，不能卖给别人。""我付现金！"这时只要我亮出一整沓现金，对方立刻就垂涎三尺了。

但对方还是会有些迟疑地说："可是，万一被发现的话，批发商会停止从我们这里进货。"我说："这个没问题。我们在夜间悄悄地来取货，不会被发觉的。"于是，在寒冬腊月的晚上八九点钟，我一个人开着卡车去取货，对方帮我一起把衣柜或者茶几搬上车，当场付款后带着货物离开。一开始只是拿一件，慢慢就增加到两件、三件……

但是，到了旺季的 4、5 月份，厂家忙碌起来以后就会说："不能再卖给你了！"因为没有签合同，所以我对此也无可奈何。我只能说："那下次冬季让我多买点儿。"然后继续寻找便宜的地方，并租借仓库，利用冬季尽可能多地囤积货物，这些库存一般可以维持到 8 月份左右。

最初很顺利，但有一天厂家对我说："被批发商发现了。太危险，以后不能再卖给你了。"听说批发商提高了警惕，防止我们去厂里进货。

这样一来札幌做不下去了，于是我就到旭川进货。用了同样的方法，但不久就被发现了。接着去了带广，心想："这里总不会被发现吧。"但还是暴露了。无奈之下只能渡过津轻海峡去本州进货。最初是青森，还是被发现了，于是到群马县的前桥，再到广岛，一路南下，最后到了九州，简直就像被通缉的逃犯。

1982 年，终于开始进军海外，到中国台湾和韩国进货。因为日本国内已经没有厂家愿意把产品卖给 NITORI 了。

在海外，靠着电话号码本把所有家具厂转了个遍。没有做贸易的经验，连付款方式也是从头学起。

之所以去国外进货，是因为价钱便宜。虽然便宜，但刚开始做就因为"便宜无好货"而出现了质量问题。由于没有等木材充分干燥就组装，气候发生变化以后，尺寸随之也发生变化。于是，一会儿椅子脚掉了、一会儿因为用水擦洗导致涂料脱落了，接二连三地有人投诉。进口这个做法本身是没有问题，但大部分商品都付之一炬了。此外，由于进口的产品大多按照出口美国的标准制造，尺寸不适合日本人。当时店铺不多，无法大量订货，因此厂家不愿意改成日本标准生产。

总之，每天都是投诉，在店里尽是向顾客赔不是，销售员也是很难做。因此，公司员工们一致反对继续进口，都觉得"NITORI 的名声要毁了，停止进口吧"！但我仍然坚持己见，于是流言四起，诸如"社长在那边养了个女人""一定是因为对方的宴请吧"之类。

其实完全没有这回事。虽然不能说没有宴请，但并不是为此而去。

顾客首先追求的是"便宜"，如果当时的 NITORI 连这一点也没有的话，可以说一无是处。所以即使质量有问题，为了追求便宜也必须坚持进口。

如果把质量置于价格之前考虑，不知不觉地就会提高价格。NITORI 的经营方针是"第一便宜、第二便宜、第三便宜、第四质量、第五搭配"，这一点绝对不会改变。价格便宜在 NITORI 就是如此重要。

现在 NITORI 的商品"便宜"这一点已经在日本全国得到了认知，于是我们开始致力于质量和搭配。即使主题和顺序依旧，花费的精力比重也开始变化。刚开始时，便宜 60%，质量 30%，搭配 10%。现在变成便宜 40%，质量 30%，搭配 30%。不过，顺序绝对不能搞错，说到底，便宜还是第一位。除了物美价廉这一顾客所需要的价值以外，把搭配建议作为附加价值提供给顾客。

别的公司在价格方面已经赶上来了，质量方面也会慢慢赶上来。但要在搭配方面跟上来没那么容易。NITORI 产品的搭配，即使不一样的材料，或者家具和窗帘、地毯等不同种类的产品，颜色和花纹也是统一的。能做到这一点，是因为

NITORI 所有种类的产品都由自己公司策划。

不过一开始只有便宜这个唯一的优点。对于公司内部的反对，刚开始时我劝大家"只要功夫深，铁杵磨成针。耐心等三年"。但是，三年过去了投诉仍不见减少。那个时候，我去国外出差，为了防止我乱买一些不着边际的商品，会有人跟着去监视我。尽管如此，我又说："风风雨雨五年，再等五年。"我认为除了从国外进口别无他路，所以仍然坚持进口。

1971 年，因"尼克松冲击"，1 美元 = 360 日元的固定汇率被取消，日元对美元汇率不断上升。我预感到："在日本国内做不下去的时代会到来。"

我看对了时局。刚开始进货时 1 美元 = 250 日元，1985 年因为"广场协议"，日元暴涨到 1 美元 = 120 日元。从我们进货方来说，只需要过去的一半价格就可以买到产品。20 世纪 90 年代中期，美元甚至跌破了 1 美元 = 80 日元。日本国内产品和进口产品的差价达到极限，进口产品的质量慢慢提高，投诉也逐渐减少。

社长的工作是看到 20 年后的将来，从那时倒过来预测距今 10 年后的情况，并以此为依据决定经营方向，制订经营计划。社长做不到这些的话，公司的命运也就结束了。如果当时因为遭到反对而停止进口，就不会有今天的 NITORI。

那也算是人生的一个转折点,当然我的人生还有很多转折点。

因为希望"尽可能卖得便宜点"而开始与厂家直接交易的做法,NITORI 遭到了来自批发商的全面排挤。但是,无论怎么被排挤,也没有打算停止这种做法。我们自己安排卡车、租借仓库,想方设法挺了过来。同样,抱着"尽可能卖得便宜点"的初衷,开始从海外进口家具,即使纠纷和投诉接连不断也没有想过放弃。

这是因为去过美国后,在心中描绘了一幅浓墨重彩的未来蓝图。正因为有愿景与目标,**在遭到公司内部成员的反对,甚至遭到批发商的排挤时,也没有屈服,而是坚持了下来。这种执着缘于愿景和目标,这是相辅相成的。**

信念孕育了"制造、物流、零售"

公司从 1994 年开始在海外生产。当时，日元正奔着 1 美元=100 日元的目标而去，公司面临的挑战是，必须追求更便宜的价格和零投诉的质量，以及由 NITORI 主导策划的可以整体搭配的产品。这也需要执着的信念。

NITORI 的家具制造公司至今依然只有 "NITORI FURNI-TURE 株式会社" 一家。公司在印度尼西亚和越南拥有工厂，社长是松仓重仁先生。

松仓重仁先生原来在北海道的旭川经营一家名叫 "MA-RUMITSU 木工" 的家具厂。1986 年我们相识，他和我一样拥有 "消灭人世间的一切不平、不满、不便" 的志向。我觉得这是个志同道合者，所以当 MARUMITSU 木工陷入经营危机时，他们请求 NITORI 的合作银行给予其帮助。之后，MARU-MITSU 木工在 NITORI 的支持下制造家具。松仓先生崇尚高档商品，只愿意生产面向百货商店的高价货品，不肯替我做 NI-TORI 需要的产品。他的态度是 "你搞零售，我搞制造，立场不同"。

但不久以后，工厂赤字不断加剧，直至"这样下去NITORI 也帮不了"的地步。

我向他建议："接下来我们要在海外开厂，然后把产品进口到日本。希望你能助我一臂之力。如果你不愿意的话，只好请你离开了。"对方终于投降，开始全力配合帮助我在印度尼西亚建厂。

决定自己在海外生产公司产品，原因是找不到一家可以如我们所愿，为 NITORI 生产一系列可供我们自由搭配商品的企业。

在走出国门前，我召集 10 家左右的协作企业，举办过一次研讨会。原本是希望他们能开发由 NITORI 企划和提议的商品。但无论如何就是谈不拢。当我提出能否统一设计、款式、颜色和价格区域时，他们要么说"不能再降低价格了"，要么说"我们没有木料加工技术"，找各种理由拒绝。这样的话，继续下去也毫无意义，于是宣布散会。

没有什么比求人帮忙做事更累了。于是我决定："哪怕多吃点苦，也要全部在自家地方做。"

1994 年 10 月，成立了"MARUMITSU 印度尼西亚厂"（现：NITORI FURNITURE INDONESIA），开始在印度尼西亚

的苏门答腊岛着手建设公司的第一家海外工厂。

这家印度尼西亚工厂于 1995 年开始出货。在生产步入轨道之前，经历了千难万险。在现场坐镇指挥的松仓先生受了很多罪。

印度尼西亚工厂的员工们都是乐天派，但几乎所有人都既没有愿景也没有目标，当然也没有干活的欲望。能够吩咐什么做什么还算好，有的人甚至不惜找一堆借口来逃避被吩咐的事情。

更有甚者，迟到了也不打招呼。一开始每天大约有两成的员工不来上班。早上不点名的话，连这天来了多少人也不知道。无奈之下只好每班逐个检查，确认"这个班几个人没来"以后再考虑人员安排。工厂在预设工人旷工的前提下维持运转。还有的员工虽然来上班，但是一直躲在卫生间里不出来。

印度尼西亚的法律规定，即使工人罢工，如果以此为由惩罚员工或者扣除罢工期间工资，企业方必须向政府支付巨额罚金。虽然这是为了保护工人，但同时也让外国企业望而却步。在工厂开始运转之后，一会儿是工人罢工，一会儿又因为整个工业区发生劳务纠纷导致工厂遭袭，着实麻烦不断。

最让人头疼的是盗窃案件频发。零件和电线被偷是小事，连大型机器也凭空消失。于是，为了防止盗窃设了门卫，结果门卫竟然和员工勾结起来监守自盗。当时的苏门答腊岛，在印度尼西亚也属于治安状况恶劣之地，让所有的日本企业一来就想逃离。

考虑到这样下去不行，于是辞退了所有门卫，把安保工作委托给一家与印尼海军有关的保安公司。公司内设置了防盗金属探测仪，对事先不请假就迟到或旷工的人给予黄牌警告。拿到三张黄牌就相当于红牌，即立刻辞退。但一开始由于黄牌太多，所以改成四张黄牌相当于红牌。此外，为了更好地提高黄牌效果，还把收到黄牌的员工照片张贴出来。但这遭到工会的反对，所以只能作罢。

刚开始的时候工资与其他公司差不多，但管理十分严格。结果遭到了强烈的抗议，于是把工资提高到工业区内最高水平。我对他们说："工资可以提高，但请你们好好工作。"这样，反抗终于渐渐平息。

当然，印度尼西亚也不是没有胸怀大志和干劲的人。当地的这些宝贵人才被提拔上来，担任厂长等重要职位。

2004 年，为了分散风险，在越南也建造了新工厂。光靠印尼一家工厂的话，万一遇上火灾之类的情况，公司就遭殃了。

之所以没有选择中国，是因为当时中国规定，外国的企业不能拥有合资企业资本的 50% 以上。不能掌握经营权的话，将来会出现问题，对于这一点，在公司开始自行生产之前，与国外制造商的交易中有刻骨铭心的体会。至今我仍然认为："中国是销售的地方，不是生产的地方。"经过多方调查，发现越南最适合建厂。

现在，对印度尼西亚和越南的工厂，都采取和日本一样的管理方法。不服从命令的人，就调换岗位，如果实在过分，就请他离开。如果不按照日本做法，质量无法维持，效益也无法提高。

松仓先生一开始对海外生产并不看好，但在制造方面具有高超的技术，并且能完美地完成所接受的任务，因为方法和程序本身都很完美。但是，他原来的方向错了。他没有想到因为日元升值而导致日本国内生产无以为继的未来局势，并且不能果断地决定进行海外生产。在转到 NITORI 所指的方向上来以后，经营状况一下子好了起来。

公司从几年前开始生产床和沙发。

我从十几年前就说过："作为日本家具主流的柜子类，总有一天会消失，希望你能做些床和沙发这类有脚的家具。"松仓先生听不进去，回答我说："叫一个做柜子的人去做床，怎么可能?"不久，柜子类果然卖不出去了，我对他下最后通牒说:"这样下去用不了十年，工厂就关门大吉了。"于是，他无可奈何地挑战生产有脚的家具。

即便不知道如何制造，也不致做不出来，搜罗这方面的人才就行。因此，当时从泰国等亚洲各地招来了精通这方面制造的人才。

不过，在制作床的时候，附加了一项条件:"零部件不从外面购买，全部自己生产。"为此，从用于制作零部件的聚氨酯材料开始生产。聚氨酯由十种左右的材料熔化后混合而成，需要大型仪器装置才能生产。但自己这样做的话，只需要外购时一半的成本。

自己生产之后才明白了一件事情。以往从外面购买的聚氨酯配件，大多掺杂了石灰。这是因为聚氨酯的交易是以重量计算的。生产聚氨酯的厂家为了尽量增加重量就在里面添加石灰。

但是，添加石灰之后，聚氨酯的性能就会下降，复原力减弱，使用一两年就会变形。而 NITORI 对大件商品都设有五年保质期，这样的话就有问题了。所以，改为自己生产后，与大部分的聚氨酯配件进货商都取消了合作，这也是原因之一。

现在松仓先生会主动对我说:"有什么难题尽管交给我!

因为看着难题被解决，我感到很快乐。"真是一位可靠的好帮手啊！

为此，我每年都请他挑战一个新的课题。

例如，在抽屉里安装用一根手指也能打开的轨道。不过，必须按照和以前一样的成本来实现。一般来说这需要提高成本，但希望他能设法找到低成本的材料，开发低成本制作的方法。

还有一个课题，是制造遇到地震也不会倾倒的柜子。柜子遇到地震时，随着晃动柜门会自己打开，里面东西飞撒出来的同时，柜子自身也会倾倒。因此，需要设法让柜子在遇到地震时，柜门不会自行打开，自身也不会倾倒，这就需要对柜子形状进行改革。最终，不会倾倒的柜子在原成本的基础上做了出来。

此外，还在不改变价格的同时实现了一系列改进。例如，用 10 日元硬币也划不坏的表面涂层，靠近热源也不会被烫焦的涂层等。

由 NITORI 传达顾客的不平、不满和不便，并提出解决这些问题的课题。由 NITORI FURNITURE 设法解决这些课题。我们以这种形式各司其职。

现在，印度尼西亚工厂拥有员工 1200 名，越南工厂有员工 3800 名，其中大部分是女性。从规模上来说，越南工厂是主力。越南工厂建筑面积 5 万坪，日本员工仅十几名。在那里生产从柜子到床垫的各种产品。仅床垫一项 2015 年就销售了24 万件。所有产品加起来的话，一年大约能达到 80 万件。

在越南，位于巴地头顿省的机场和港口附近有一个 100 万坪的工业园区，在那里已经准备好了一块面积 12 万坪的土地，并计划 2017 年 8 月开工建设新工厂。以后不仅打算在那里生产家具、床，还打算把在中国的缝纫厂也移过去。纺织厂也已提上日程，以后各种产品都可以在那里生产。

我认为，"做事业所需要的事情，尽可能都自己做"。例如销售连锁，就不能采取包销形式。将经营委托给他人，就如隔靴搔痒。即使需要花费时间成本，我也坚持直营方式。

进口业务曾经委托给商社做，后来我们自己成立了"NI-TORI TRADING"做这部分业务。一开始觉得与其对中间的商社这样那样地提要求，不如自己来做更快捷。**在这个过程中，NITORI 开始在日本进行企划和质量管理，从国外进口产品进行销售。这种"制造、物流、零售"的形式在世界上也属于首创，可以说史无前例。**并非我想这么做，而是在追求愿景与目标的过程中自然而然地形成了。

事无巨细都自己做的好处是，在表面看得到的利润率以外，通过在自己公司进行制造，员工们得以掌握技术，成为专家，员工获得了成长。"企业的根本是人。"人成长了以后，事业也会向着追求的方向不断成长。开店的方法和组织的方法固然重要，但更重要的是人才的培养。

不过，零售的公司搞制造，一般不太可能顺利。

渥美老师并不认可零售连锁店进入制造业这种做法，因为万一竞争失败将无法弃之不顾。

如果自己不参与制造，可以让提供货源的厂家之间不断竞争，然后把竞争失败的厂家踢出局，用新的厂家取而代之。但是，如果自己制造的话，即使失去了竞争力也无法放手。所以老师认为"这样做不行"。

但是，我还是出手做了。一开始是在1986年出资MARU-MITSU，当时因为害怕渥美老师，所以什么也没有汇报就偷偷地做。但是，在印度尼西亚办厂的事暴露了之后，老师说："让我看看！"于是，我带老师参观了工厂。

之前带他参观厚别分店的事情还历历在目，所以，在老师参观工厂期间，我向他介绍时内心十分紧张。幸好老师在看了以后非常满意，之后还在天马俱乐部的杂志上介绍过NITORI的印度尼西亚工厂。

尽管连年亏损，进口产品的纠纷也络绎不绝，但我仍然没有放弃。坚持到现在，终于发展成海外生产这种模式，产品也成为 NITORI 商品的中坚力量，形成了世界上独一无二的贸易模式。这也归功于我不轻言放弃，坚持改革的执着。

因店铺数量增加得以实现的低成本生产

我亲自指挥了床的自主生产。一开始是交给员工去做，但得不到我想要的结果，于是我说："还是我自己来吧。我是个外行，但一无所知或许更好，可以老老实实地做。"有一段时间我几乎每星期都去越南和中国台湾。

商品开发不顺利的一个重要原因是开发负责人的因循守旧。例如他们会固执地认为"床的弹簧垫硬一点好"。这是业界的常识，但让我说的话，这就是迷信。

重要的是，顾客需要什么。

NITORI 现在开发的床垫里是一个个独立的的弹簧圈，这种结构叫作"pocket coil"。采取这种方式需要将弹簧圈一个个用布包起来。别的床垫厂家几乎不用这种做法，因为成本太高。大多数厂家制造的床垫中的弹簧圈是连在一起的。这样的话，如果是双人床，就会出现一边的人动了以后，受其影响另一边被带过去的情况。

独立的线圈虽然好，但太贵的话就卖不动，所以用这种方法。

　　NITORI 为了尽量降低成本，床垫使用的弹簧也是买来金属线后自己绕制成弹簧圈。采取这种全部自己做的方法，可以使价格降到购买成品的一半以下。

　　带来的结果是，在同等质量的前提下，NITORI 销售的床的价格是其他公司的一半，甚至一半以下。其他公司卖 15 万日元的单人床，在 NITORI 用 69800 日元就能买到。正因为如此，2015 年成为畅销产品，一下子卖掉了 23 万张。2016 年更上一层楼，目标是 30 万张。

　　因为 NITORI 的床卖得好，为近来生意清淡的整个行业注入了活力，全日本床的销售量大增。不过，专业做床的生产商做不出和 NITORI 一样的床。

　　沙发也采取与床同样的思路，设计出了新产品。沙发里用的是同样的弹簧圈。NITORI 的沙发还有一个特点是，架子使用一种叫作积层夹板的坚固材料。2015 年卖出了 7 万件这种沙发，销售部门提出 "2016 年目标 10 万件"。我说："上一年的销售量太低！不能以此为基数！"通过新品种的开发等，把 2016 年的目标定为 14 万件，一下子把目标提高至上一年销量的 2 倍。

以往由于价格昂贵而没有普及的商品，通过自主生产提供

给社会，使其成为任何人都能用得起的商品。这是 NITORI 的方针。

搁脚板能上下移动的活动沙发就是其中之一。

飞机头等舱内的座位搁脚板可以上下移动。我平时不坐头等舱，所以不太了解。但是，我打算用便宜的价格做出一样的沙发来。虽然是从国外进口，但仍要 20 万—30 万日元，价格太高。后来自己公司开发出来以后，价钱降至 69000 日元，一下子风靡全日本。

开发这种颠覆价格体系的新产品，前提是能够批量生产。

新产品首先需要顾客认知。例如，NITORI 在撤掉秋冬商品，展示春夏商品时，必须用整个展区的三至五成区域摆放新品。这个比例过低，顾客难以感受到。只有两成左右的话，难以引起顾客注意，至少需要三成，一般标准为四成。

因为展示空间不够的问题，以前有过失败的教训。曾经以"NITORI 色调"为名，搭配了绿色系和红色系的无花纹商品出售，由于是第一次尝试，所以有些不安，就只在占卖场面积 10%—20% 的地方放了新产品。但是，因为产品太少，没有引起顾客注意，结果根本卖不出去，库存积压严重。员工告诉我说："照这个样子，货款也付不了。"无奈之下只好降价处理掉了。

开始销售新产品时，因为担心"制作了很多，万一卖不掉怎么办"而控制生产和采购数量的话，就可能因为价格降不下来而真的卖不掉。所以，只有下决心大量采购，才能把价格降下来，商品才卖得掉。这时魄力就显得尤为重要。当然也需要做好"这个价格的话，卖多少才能收回成本，才能有利润"的计算。

销售初期，量还不是很大的时候，有时会在定价时做好亏损准备。等到生产步入正轨，销售量增加以后，这个价格就能带来利润。所以往往会在这样的前提下，定一个低于成本的价格。

能够为了降低成本进行大量生产以及大量采购，得益于店铺数量的增加。在店铺数量还不多的时期，做起来并不容易。

做家具的话，因为单价贵，所以即使数量不大也有人接单做。但是，家饰产品的话，一批至少 1000 件或 2000 件。NI-TORI 还只有 30 家店铺的时代，根本不可能卖掉这么多。如果订货量不够大，价格降不下来，就没有利润。但是，因为心中有"家具和家居宣言"这一目标，坚信"若干年以后，等店铺数量增加，利润自然就有了。在此之前先忍一忍吧"，因此仍然坚持销售。这种限制直到店铺增加到 100 家之后才消失。增加到 200 家店铺后，购买力进一步提高。到了现在的 400 家店铺，购买力更是惊人。

但是，要在世界范围内站稳脚跟这还远远不够。沃尔玛这样的集团在全世界有好几万家店铺。所以，没有1000家店铺的话，休想在世界上取胜。

由于店铺数量的增加，即使单价低廉的商品，也可以做到自主开发。

例如，NITORI有一款自主开发的产品叫作"N COOL"，是使用新型"接触冷感材料"做的寝具。仅在NITORI一年就卖出了500万件。NITORI的销量占日本全国销量的一半以上。

销量如此巨大，是因为有需求。日本的夏天闷热难眠，不开冷气简直难以入睡。但是，冷空调对人体不好。于是我就琢磨"能不能开发出一种不用冷空调也能舒适度夏的产品呢?"在用现有的材料做了许多次实验以后，发现都不太理想。

于是我就向面料制造商呼吁，能否开发一种没有冷空调也能舒适入眠的商品。之后，又最早采用开发出来的面料，在自己公司做成产品。

其他的大型流通公司将全部产品的制作都委托给制造商，这就没有抵抗力。例如遇到日元贬值，进口价格上涨的话，产品自然也不得不提价。NITORI的做法是只采用新技术，其余部分由自己公司生产,所以,即使汇率浮动也能应对自如。

这样的共同开发,对于材料生产商也有好处。开发出来之后,因为能确保销售渠道,所以生产商之间也会竞相开发。NITORI 给人的印象是,不是购买产品,而是购买新技术。成品在自己公司的亚洲工厂做。在日本开发出消除顾客的不平、不满和不便的技术,然后把该技术带到亚洲,用低成本进行生产。这就是 NITORI 制造的模式。

在兵库县的宝冢,NITORI 和优衣库在同一幢楼开店曾经成为话题。事实上,NITORI 也卖睡衣和内衣这些服装。使用了功能性面料的 N COOL 的 T 恤也已经于 2016 年 4 月上架。虽说是 T 恤衫,但也属于内衣,尽管没做什么广告,却卖得很好。

这个想法并不是我提出的,而是员工的建议。我说:"内衣还是不要卖了吧!"但员工提议说:"作为居家服装的延伸怎么样?"我同意了。

能够提出这样的创意,也是因为在 NITORI 接受了 20 年以上教育的员工渐渐多了起来。教育的成果,至少 10 年以后才会看得出来。所以,员工一般在 10 年后才能提出改善的建议,20 年才终于能提出改革和搭配方面的建议。

即使面临被架空也坚守信念

社长这个职位的工作其实就是一个字："忍"。

因为我有将来必须完成的目标，所以即使遇到讨厌的事情也没有想过放弃工作。但是，遇到过许多令人颓丧的事情，至少曾经几十次被打击到垂头丧气。

逆境不可避免，即使频繁发生出乎意料的事，也必须设法克服，思考对策以免重蹈覆辙。我自己在这个过程中得到了锻炼，公司员工也得到了培养。**我的看法是，"经验是需要付学费的，世上没有免费的午餐"**。我甘愿接受逆境的考验。

由于自己的疏忽，曾经导致公司遭遇危机。

20 世纪 80 年代有一段时期，从一家大型量贩店招了 15 个人。之所以从同一家公司录取这么多人，是因为从那家量贩店跳槽到我们公司担任常务的人说"有好的人才"，把他的后辈都招了过来。然而，那些新进来的人不是服从我的命令，而是对常务言听计从，以致常务不把我放在眼里，对我的命令充耳不闻。

8 名董事中的 5 名与常务来自同一家量贩店，最终，整个公司被常务一方统治，我完全丧失了发言权。在店铺里发现了什么问题而指出来时，对方会说："这样会没有连贯性，你就别插嘴了。" 我到了公司也无所事事，大概闷闷不乐了一年左右。常务们否定了我的低价格战略，开始提高商品价格。

不久，业绩开始下滑。还是经营方法出现了问题。我痛下决心："这样下去不行，我要与他们斗争，要么让他们走，要么让公司倒闭，成败在此一举！" 最终的结果是，那个派系的大多数人被我辞退。如今，来自这家量贩店的人只剩下 2 名。

事实上，同样的事情还发生过。刚创业五六年的时候，我请来了一位当地百货店家具卖场的负责人担任公司营业部长。他也从外面招了很多人进公司，还靠着请吃请喝笼络老员工，拉帮结派控制了公司。当时我也是郁闷了整整一年。

不久，从客户口中听说他们拿了回扣，也就是受贿。会计部门的负责人也跟着一起做坏事，从支票中收取回扣换成现金，并且试图糊弄我。此外，竟然对公司的女职员下手，直弄得公司乌烟瘴气。这也算是个擅长坑蒙拐骗的人吧。

我决心打响公司保卫战。最终辞退了 20 多名员工，这相当于当时总人数的 80%。只剩下我和妻子，以及另外四五名员工。那时虽然只有 3 家店铺，但说实话，一下子少了 80% 的人，还真担心靠剩下的几个人能否经营下去。然而，最终还是挺了过来。虽说除了员工，还雇了一些兼职的人，但毕竟人工费一下子减到了三分之一，所以赚得盆满钵满。

现在在 NITORI，一旦出现拉帮结派的人立刻请他辞职。这种人往往通过在公司内拉拢别人达到明哲保身的目的。他们试图通过集体名义，让别人都听他们的。即使是再优秀的人才，搞拉帮结派的话我们一概拒绝。一般来说，真正有自信的人是不会搞这一套的。

不轻言放弃的人运气都不会差

俗话说："运气就是实力。"我也深以为是。因为我认为"运气是自己创造出来的"。不久之前，我刚出了一本名为《没有一种运气是偶然》的书。

那么，创造运气最重要的是什么呢？

答案就是"不轻言放弃"，即 NITORI 所谓的"执着"。

因为一点点讨厌的事情就落荒而逃，这种人绝对不行。必须学会忍耐。只有在艰难的时候尽力忍受，努力冲出逆境，运气才会随之而来。运气是一种机缘，只有平时坚持努力，才能时来运转。无论遇到什么困难，一定会出现救世主，情况会逐渐好转。这样，在遇到困难的时候会如有神助，想要什么就会来什么。这是努力不放弃的回报。因为心中有愿景和目标，才能坚持努力不放弃。又因为努力不放弃，运气就来到了你的身边。

不仅是人，我觉得还有"好运的公司"，那就是拥有愿景和目标的公司。

人才、物质和财富，不是因为运气好才聚拢起来。正如执

177

着源自愿景和目标，**运气也源自愿景和目标**。有愿景和目标的地方，就像被磁铁吸引一样，人才、物质、财富以及运气自然就聚拢过来。如果没有愿景和目标，也不坚持努力，就不会被好运光顾。

虽然并非一概如此，但那些觉得"自己运气好"的人，往往都有着不轻言放弃、坚持努力的习惯。

听说松下幸之助先生一定会在面试时问："你认为自己以往的人生，运气是好呢？还是不好呢？还是一般呢？"回答运气不好的人绝对不录用。我虽然不是以此为依据做判断，但仍会作为参考问一句："你认为自己属于运气好的人吗？"观察下来，每年30—50名从别处跳槽过来的员工中，回答"运气不好"的人大多做不长久，或许是因为他们在艰难的时候坚持不下去，直至局面逆转吧。

为了让自己好运，还有一点也非常重要，那就是不要粉饰自己，也就是不要"装酷"。而要把真实的自己完全展现出来。被人看到不加修饰的自己，有时确实会觉得难为情，所以会不由自主地想要修饰。但是，如果你不赤诚相待，对方自然也不会赤诚相待。这个道理虽然大家都懂，但往往很难做到。大家都希望让人看到更好的自己。一定要扔掉这种想法，努力过一种不妄想修饰自己的生活，工作亦是如此。

这样把自己最真实的一面展现出来之后，遇到困难就会出现为你弥补缺点的人，以及向你伸出援手的人。如果不是坦诚地展现而是一味加以修饰的话，别人会觉得"不需要我的帮助吧。自己用不着给他建议"。如果你直言不讳地说："我正为这事伤脑筋，这个问题让我很烦恼。"自然会有人出来亲切地向你伸出援手，为你出谋划策。

我自己经历过几十次运气好的事情，其中最好的要数与我妻子结婚这件事。这是在我拥有愿景和目标之前的事了。不知道如何接待顾客的我，如果没有妻子，家具店早就倒闭了，自然也不可能有现在的 NITORI。

另一方面，正因为我不懂如何接待顾客，只需要做进货这一项工作，才得以扩大分店规模吧。如果我善于接待顾客，一直自己亲自守店的话，有可能至今还只有一家店。**怎样才算幸运，不到最后不知道。"那时候的那件事情非常幸运。"能这么说的人，只有那些不轻言放弃，坚持努力，最终获得成功的人。**

带来成功的"乐观哲学"

"**在成功之前决不放弃**"这一执念中,"**乐观**"不可或缺。也可以说是"**乐观哲学**"吧。

"乐观"意味着对未来抱有希望,哲学是对事物的思考方式。如果对未来充满希望,就不惧怕变化。这样的人会乐观地想:"如果愿景和目标达成,那将是何等的快乐啊!"即使出现障碍,也会认为"每跨越一个障碍,就往实现目标前进了一步"。这样才能斗志昂扬、不屈不挠地扫除眼前的障碍不断前行。乐观与不轻言放弃关系非常密切。

要达成目标,还需要不惧风险的胆量和勇气,这也源自对未来充满希望。

那些性格悲观的人,一遇到障碍就会因为害怕而止步不前。他们会停在原处,脑子净想象一些不好的结果,做不了决断,一有纠纷就认为"看来还是不行"而立刻放弃。如果这样一味地考虑悲观的事情,最后只有死路一条。不同的哲学思考会导致天堂和地狱般的差别。

因为乐观而受益的事情,还不止这些。乐观的人周围会有人才聚拢过来。

经常有人说："似鸟先生的周围经常会有很多人。"真是如此的话确实是件可喜的事情。我一直在考虑："要实现愿景，就必须像磁铁一样，把人吸引过来。该怎么做才能像磁铁的正负极一样吸引人呢?"

我的结论就是："要吸引人，首先自己必须乐观，必须有幽默感，必须时刻保持微笑。"人都喜欢向快乐的地方聚拢。其他还有"清洁""诚实"等吸引人靠近的要素，但"乐观"是最重要的。我经常把这作为课题进行思考。

无论男女，"柔情"都十分重要。柔情其实就是"保持乐观的态度"。我年轻时，为了得到前辈们的宠爱，经常注意以乐观态度示人。现在也仍然很注意用乐观的心态思考问题。我认为，公司高层尤其需要乐观哲学。

如果高层出言消极，公司就无法前进。不是看着月亮，而是看着太阳往前走更有力量。所以，带"长"字职位的人必须乐观。

经营中实际感受到"乐观的力量"是在借钱的时候。

NITORI 如今虽然已经做到无贷款经营，但是，因为多年来持续增加店铺，最初必须依靠融资。开第一家店的时候，是向父母和熟人借的钱，开第二家店的时候，开始从银行和信用金库贷款。开第二家店时，跑遍了所有的金融机构，但最初没人搭理我们。

那个时候，我无意中照了镜子，发现自己的脸紧张得抽筋，充满着悲壮感。

"这样不行。如果我是负责融资的人，也不会把钱借给这张脸的。"

这么想着，为了使脸色看起来好一点，涂了点腮红，满脸笑容地拜访当地的信用金库，终于成功地借到了钱。

之后，因为 NITORI 的主要合作银行北海道拓殖银行（拓银）遭遇金融危机破产，公司紧急需要资金的时候，也是没有一家金融机构肯借钱给我，把我逼到了面临破产的绝境。

"业绩这么好，为什么没有地方肯借钱给我！"

这么寻思着，猛然看到汽车后视镜里自己的脸，就是一张被逼得走投无路的男人的脸。于是，想起开第二家分店时的情景，努力装出一副充满自信的样子，到了下一家银行，在那里成功获得了贷款。

大家如果希望成功，就请做一个"看到这个人就会来精神"的人。要时常有意识地"让人看着觉得很乐观"，并不断

地让它体现在表情上和行动上。具体来说，就是无论遇到谁都保持微笑。

这样的话，会不断有人聚集到身边来。人是会被乐观开朗的人吸引的。态度阴沉，眼睛朝上看的人，没有谁会愿意靠近。

我即使去银座和六本木喝酒，也不谈工作或者自吹自擂，而是总以开朗的表情倾听年轻人的烦恼，帮他们排忧解难。有时候会问他们："想成为什么样的人?"或试着说："要讲得具体点，太抽象不行。如果能更具体地思考'什么时间之前想干什么'的话，或许你的活法也会发生改变。"

如果态度乐观，谈话内容也是关于理想或者希望的话，大家在一起就会聊得很愉快。所以，那些店里的年轻人都期待我去，说："在似鸟先生旁边感觉很愉快。"因为他们喜欢听乐观的话题。

我在孩提时代，曾经帮助家里卖黑市大米。妈妈对我说："一走出家门，就要把别人都想象成顾客，要和蔼可亲!"她还说："你一副邋遢的样子，谁愿意靠近你? 不知道谁会成为我们的顾客，所以一定要微笑着和所有人打招呼!"因此，我从小学低学年起，无论是在家里干活还是受到父母责骂时，即使感到多么痛苦，仍然殷勤地跟人打招呼说："您好!""您早!""您近来可好?"

能做到这一点，或许也是原本就性格开朗的缘故吧。

我从小学一二年级开始，就被家里要求帮忙送黑市米。夏天帮妈妈推拖车，冬天推雪橇。北海道的冬天非常寒冷，我经常冻得浑身发抖。冬天的某一天，我瑟瑟发抖地送完大米，刚从客户家出来，就被妈妈啪啪地一顿臭打。"不准这样瑟瑟发抖地进人家的门，一副穷相！你是为顾客送去喜悦的，要让顾客觉得'多亏今天买了米'，所以进门后一定要灿烂地笑。这样，才会有好事发生。"

按照妈妈的吩咐，在大雪中用灿烂的表情说一声"您好"后送上大米，顾客家的太太会关心我说："孩子，很辛苦吧！"这时我会微笑着说："没关系！"这时太太就会对我产生同情，说着"稍等！我看看家里有什么"，然后拿出点心、苹果或者橘子给我。大家都知道外面是多么寒冷，看到一个小男孩这么坚强地努力工作，也想为他做点什么。知道这个道理之后，我一心盼着客人能给我点什么，所以在送货的时候总是保持微笑。

我小时候，没有人给我买苹果和橘子吃，所以，每当有客人给我苹果，除了芯儿和籽儿以外，全部吃进肚子。橘子甚至连皮也吃掉。看到我这样，妈妈说："你看，尝到好处了吧。"

正因为我自己有这样的经验，所以在 NITORI，我认为 "配送员同时也是销售员"，要求他们必须认真和顾客打招呼，必须永远保持微笑。

愿景与目标的追求永无止境

同样的人生，有人做成的事情是别人的两倍，有人却中途溃败而逃。有把公司扩大 10 倍的老板，也有把公司扩大 100 倍、1000 倍的老板。

我常常想："我活了人家的几辈子呢？"

对于现在的我来说，赚钱已经不是目的。我和妻子都不是喜欢奢华的人，妻子最多偶尔和女性朋友一起吃吃饭。我对她说："多做点自己喜欢的事吧！"但她说没什么特别想要的东西。

我也一样。天生一副穷命，属于不舍得扔东西的人，为此十分烦恼。

一旦买了东西，即使是几十年前买的西装也仍然放着不舍得扔掉。这是没有钱的时候，花了很长时间精心挑选，咬咬牙才狠心买下的名牌西装，觉得扔了太可惜。但是，因为职业特性，需要注意流行趋势，所以立刻能觉察哪些东西已经落伍，旧衣服哪怕再昂贵也不会再去穿。妻子经常说："还穿吗？不穿的话扔了吧！要是大家都不舍得扔东西，你公司的家饰新产品也卖不掉吧。扔了之后，才会有购买新东西的欲望。" 我就这样时常被逼着 "断舍离"。

妻子有时会到我东京的公寓来，帮我把一些旧的东西扔掉。我对螨虫、灰尘、花粉之类过敏，妻子说："枕头又不能洗，脏了必须扔掉啊！" 前几天还把我的枕头、被褥扔出去像山那么一大堆。

我看到哪本书上说过，有钱人都很小气，买的东西永远不舍得扔。

不仅服装，我连汽车也不舍得扔。20 多年前，我好不容易买了一辆日本产高级车 "PRESIDENT"，后来又买了辆奔驰。但我看 "PRESIDENT" 还能开，就带到了东京，现在还在用。奔驰车出现故障后修理费很贵，于是接着还是买了日本产的 "CENTURY"。

对我而言，存钱不如冒险和挑战快乐。我希望自己死的时候能够觉得 "我的人生虽然跌宕起伏，但活得很有价值"。这样我就心满意足了。

追求愿景与目标永无止境，所以对我来说，能够一直工作到死，同时又能做别人希望我做的事情是最幸福的。 现在，人平均寿命是 80 岁，为了能工作到这个岁数，我必须好好锻炼身体和大脑。

我希望能给愿意工作的人一直提供工作的机会。NITORI的退休年龄是 60 岁，但我说"专家没有退休年龄"，只要有技术和技能，想工作到几岁都 OK。公司有返聘制度，从 60 岁起再签订合同，65 岁、70 岁、75 岁、80 岁，只要有技术，无论到什么年龄都能再续签。事实上，有从别处跳槽来公司的80 岁的人依然在工作。

返聘后工资减半。但是，做到 60 岁退休的人工资有 1000万日元左右，所以即使减半，也可以拿到 500 万日元左右。

不仅本公司员工，NITORI 还请本田汽车公司的退休人员来工作。邀请原在中国东风本田担任社长的杉山清先生加入NITORI 后，请他在公司内一个叫作"品改"的质量改革部门负责各种产品的检查。最近，还有一位 62 岁从本田退休后来到 NITORI 的人。我们包一家卡拉 OK，带上吃的，举行了一个 30 人左右的欢迎会。还有商品部的女员工一起参加，大家都非常开心。

杉山先生出生于昭和十七年（1942 年），在本田中国分公司担任过社长，但他其实并没有上过大学，是高中毕业后一步一步走过来的。到不久前为止一直在 NITORI 担任专务，是他本人提出来说："都这把年纪了，当领导太难为情，让我做顾问吧。"所以现在担任顾问。当时我提议："每周来公司两到三天，一天工作五到六个小时怎么样?"他表示和以前一样即可，而且仍然是一年中的一半以上时间在海外出差。

我认为，有技术和干劲的人，让他一直工作到死，这对本人来说是最好的结果。即使曾经当过大公司的社长，如果退休后没有生活目标，靠着养老金行尸走肉般地活着，也是一种不幸。

NITORI 还请来了经济产业省原次长立冈恒良先生担任公司外董事，原警察厅长官安藤隆春先生、担任过 10 年公正交易委员会会长的竹岛一彦先生担任董事。历任日立制作所社长和会长的川村隆先生也是董事之一。

除了安藤先生，还以顾问的形式邀请了几位警察出身的成员。例如在警视厅和大阪府担任过警署署长的在现场锤炼过的人。

在机关担任过首长或次长的人的目光十分敏锐。他们擅长追问:"为什么是这样的?"这也让我感到"无论哪个领域，能做到日本第一的人果然与众不同"。

渥美老师说过:"无论何事都要追问 7 次'为什么'。"但是每当老师问到天生愚笨的我"那是为什么"，我总是支支吾吾地说不清。30 年过去，我终于能回答 3 次了，但没能做到在老师的有生之年回答 7 次。

现在渥美老师虽然已经不在了，但是有代表日本社会各方面的人士取而代之给我严厉的指导和建议。除了精英们，还有对现场情况十分熟悉的人也教会了我很多。这对我和 NITORI 来说都是无可替代的幸事。

　　各位也一定要保持乐观态度，努力向前看，不轻言放弃，哪怕慢一点也要不断前进，积极向上，成为一个能一辈子为社会做贡献的人。

第 **5** 章

"好奇心" 是革命的源泉

好奇心也源自愿景与目标

所谓好奇心是指"每时每刻想发现新事物"。

只是单纯地"喜欢新事物",并非 NITORI 所言的好奇心。**我总是一边琢磨"有没有什么东西可以用来帮助我实现愿景与目标",一边不断寻找,这才是 NITORI 所言的好奇心。也就是说,好奇心也可以源自愿景与目标。**

如果设定的目标非常巨大,用以往的方法就无法实现。就像根据移动距离,从步行到自行车,再从自行车到汽车,必须像改变交通工具一样,不用新的方法、不进行以前谁也没有尝试过的挑战的话,就难以实现规模格外巨大的目标。所以,一旦树立了宏伟的目标,决心"无论如何一定要实现"的话,就必须吸收各种各样的信息。

是不是能发现新方法的人格外优秀呢?其实未必如此。发现来自勤于思考的人。

我上初中的时候,喜欢读松下幸之助和爱迪生等伟人的传记。读了这些书后让我明白了一件事,就是"发明其实就是找到日常生活中的不平、不满和不便。如果能找出问题并加以解决，就等于做了任何人都没有做过的事"。

于是，我打算"训练自己"，独自揣摩了很多点子，并且试着画在纸上。

例如自行车和摩托车。我小学四年级开始就骑着大人的自行车送米。因为脚够不着地，所以必须先把脚放在踏板上，猛地一蹬地面，然后再骑上去。练了几百几千次，每次跌倒都会挨父母的打。

我想："骑自行车为什么这么难呢？"我想出了一种很简单就能跨上去骑的自行车，特别适合小孩子。其实是把中间的三角架放低，我还把它画了出来。这就是能横跨上去骑的，类似于现在的妈妈式自行车。

还想出了在前方装上现在叫作挡泥板的防泥、防雨装置的自行车。我经常穿着雨衣骑车送货。但是，当时的路都没有经过铺设，泥水飞溅起来，弄得人很狼狈。此外，送货途中跌倒的话，还有过米袋掉下来摔破的事情，为此吃了不少苦头。我为此还设计了一款改进了行李架的自行车，以防米袋掉落。

这些都是为了解决自己的不便而做的努力。即使现在想来也是不错的点子。如果被实际应用，可能就是新发明了。事实上，后来由其他人做成了商品。就在最近，以前我设想的那种三脚架的自行车还在销售，我心想："当时我竟然考虑到了50

年后的事情啊!"

现在我仍然为了实现愿景与目标,一直不断寻找着"更好的方法"。也正因为如此,想到了许多好点子。

NITORI 的商品企划,就是思考"好想要这样的东西啊",或者"如果有这样的东西那该多方便啊",然后把它变为现实。也就是从顾客的"不平、不满、不便"中去掉"不"字。创意与年龄无关,因为 70 岁的我依然能做到。但是,满足于现状的人不行。必须如饥似渴,白天黑夜都在考虑"这里能不能再改进一下呢",只有这样的人才会想出好的创意来。

因此,创意也需要愿景与目标。如果拥有宏伟的愿景与目标,无论被人怎么赞扬或赚了多少钱,都不会就此满足,而总是充满渴望。我也如此。钱不是目的。重要的是让顾客满意,在愿景与目标一个个地实现之际,感到紧张、感到兴奋。这样,大脑全速运转起来之后,就更容易产生好的创意。现实中几乎所有人都没有愿景和目标,所以,可以说几乎所有人还有99.9%的大脑没有用到。

但是,光是自己思考有局限性。为了搜集信息我要读很多书,为此订阅了《周刊新潮》《周刊文春》等综合杂志,以及《周刊东洋经济》《日经贸易》等经济杂志。发现有参考价值的报道立刻就飞过去看,去实地调查,并且请教这方面的专家。如果大脑中一直放着有待解决的课题,在搜集各种信息的时候,才会灵光一现:"就是这个!"如果大脑中没有课题,哪怕搜集再多的信息也不会有妙计闪现。

去各个国家和地方看也是一种与发现密切相关的行为。我跟着员工研修旅行,每年去美国两次,同时还去欧洲,去工厂的所在地亚洲。在美国,考察公司的经营结构和竞争方式,学习新技术和创造利润的方法。在欧洲,学习设计和色彩。在亚洲,到生产现场去发现各种课题。

在海外寻找能够进口的商品,当然跟进货有关,但还有一个原因是出于好奇心。去未曾去过的国度,欣赏未曾见过的风景,吃未曾吃过的美食。体验与日本不同的娱乐项目。正因为有这种乐趣,所以也不能说没有"要不在这里做点什么吧"的想法。在拥有愿景与目标之外还拥有乐趣也非常重要。当然不能把目的和手段搞反了。

为了达到完全不同维度的目标,而采取跟以往完全不同的新方法,这称为"改革"。我经常说:"30 岁以前要做到提出改善方案,40 岁以后,尤其是干部必须提出改革方案!"这就需要无论多大年纪都必须时刻保持好奇心。如果对新鲜事物不感兴趣,那么哪怕逼也要逼着自己感兴趣。

"和他人思考不同的事"也是好奇心

我父亲经常说:"不要妄想改正自己的缺点!我家族的人都不是脑袋聪明的人,所以你就老老实实放弃这个念头。可以换个做法,让大学毕业生替你工作!"并且对我说:"你浑身都是缺点,简直一无所长。所以,想要生存下去的话,要么干别人两倍、三倍的活儿,要么做别人不做的事"。

我觉得他说得不无道理。但是,我不愿意干得比别人多。于是就总琢磨着"必须做点别人不做的事情。"

现在想来,我大概小时候开始就是个有点怪的孩子。

因为我记忆力极差,考试只能靠作弊。要是被抓住就必须退学,所以就琢磨什么方法才保证不会被发现。

我想到了一个办法。先找来厚纸粘成蛇腹状,再削一支4H左右的硬铅笔,在正反面用只有我才能看到的淡颜色抄5页左右的内容,然后用橡皮筋固定在袖口里,抄完后嗖的一下就缩回到衣服里。

作弊的方法,自古以来常见的是,要么写在垫板上,要么折断铅笔或橡皮把答案藏在里面。但是,这样写不了多少内容。上课的内容我什么也没有记住，所以如果不大量地抄就要留级。这样就想出了一个其他人都没有做过的方法，从零分一直提高到勉强能及格的分数。

这些全都因为我无论如何都不想挂科。我报考的高中全部落榜，靠着给最后一所高中的校长送了一大袋大米，才读上了高中。好不容易进了高中，如果留级就前功尽弃了。这不是件光彩的事情，所以请大家一定要把它看作是出于好奇心，以及"一定要设法解决课题"这一执念的体现。

虽然是照抄，但能抄的量毕竟有限，所以"考试会考些什么"这样的预测也不可或缺。这就需要在平时，注意老师的讲课，同一内容讲了好几次的地方，或者讲得很起劲的地方，就需要留意，然后做出"这里看样子会考到"的预测。我经常猜对题目。成为经营者之后，开始预测日元的升贬、经济情况的变化等，与押题基本上是一回事。

说到这里，可能有人会说："既然能预测考试范围，就不必作弊，把那些内容记住不更快吗？"这绝对不是一回事。我虽然知道老师说得眉飞色舞，但是他讲的内容却完全不懂。因为不懂，就算听了或抄了也还是记不住。

别人说的内容，如果不理解的话是记不住的。就像卡拉OK画面上的歌词，因为每次都不考虑意思，只是大声照着唱，所以无论看多少遍也还是记不住。

经常听人们说到右脑、左脑。听说左脑主管记忆力，右脑主管想象力。还听说记忆力过了十几岁就会开始衰退，而想象力则可以随着年龄的增长而培养起来。我掌管记忆力部分的左脑不好，结束了的事情马上忘得精光。与此相反，负责思考各种办法来应对变化的右脑功能并不差。事实上，据说我的大脑比起年轻时，海马体甚至长大了。

之前说过："看到新产品时，能判断出好还是不好，是由于记住了现在经营的商品种类。"这时候的记忆，不是靠简单的记忆功能。就我而言，我的大脑里残存着一些要点，例如"这个地方不错"或者"这里应该这样"等。那些可以忘记的事情一概不记得。只有重要的事情才记在脑子里，并以此为依据对新产品做出判断。

我至今也不善于记东西，演讲和公开场合的致辞也只能记住开始的几句。记住这几句话之后，其余的就靠即兴发挥。

最近上电视节目的机会增加了。电视有脚本，但是如果我想照着脚本说话，脑子就变成一片空白，完全乱套，甚至不知道自己在讲什么，因此还搞砸了很多次。所以现在一般就看一下脚本，也不对台词，然后就顺着话题按照平时的样子进行。我天生毛手毛脚，在电视里基本就是个捧哏的角色。

这个世界上，说一个人"脑袋聪明"一般意味着"记忆力强"。能进入名校的也都是这种人。这当然很重要，但是，记忆力不同于应对变化的能力。我自己虽然记忆力极差，上学时一塌糊涂，但踏入社会以后，应对变化的右脑功能更为重要。至于记忆力这部分，让部下做即可。

　　充分发挥自己的特长，"做与众不同的事情"，这是NITORI风格。这样，好奇心也会朝着好的方向不断伸展。对自己不擅长的事情，不要勉强去做，只需寻找擅长的人代劳即可。这世上有很多优秀的人，做和别人一样的事情，也不可能超过比自己优秀的人。

因 "做与众不同的事情" 而成功

投资也因为 "做与众不同的事情" 才能获得成功。

一般的人都在经济景气的时候做投资，NITORI 却在经济萧条的时候做投资。经济景气的时候，即使投资也没有太多的回报。在萧条的时候投资，土地和建筑物会比景气的时候便宜三至五成。

现在是属于景气相对比较稳定的时期，所以土地和建筑费用都很贵。大阪的 "NITORI 商城枚方"，建筑预算是 60 亿日元、70 亿日元，而且一个劲地往上涨，最终还是不够，一共花了 90 亿日元，但如果在萧条时期，40 亿日元就能建成。如果初期投资过多，盈亏临界点就会上升。其实我不想在那种时候开店，只是当时有多余的资金，再加上没有贷款，所以就等不及萧条期的到来，想着 "就这样吧" 而做了投资。

2016 年也计划新开 55 家店铺，其中自己出钱建造的只有东京世田谷（用贺）等几家大型新店铺，80% 以上都是租店面，因为还在等待其后出现大波动的转折点。

在日本，因为延期提高消费税，估计经济状况还会好一

阵，但也就是今后的两三年。我预计东京奥运会结束后会出现大萧条。

奥运会经济，从建设需求这一点看，到 2018 年就基本结束了。2019 年夏季之前将完全消化掉。50 年前的东京奥运会也是如此。预计 2019 年 10 月将提高消费税，那之后的 5 年经济状况将持续极端恶劣的态势吧。

萧条时期垄断会加速。各个领域里的一到两家公司会有大幅度的增长，在营业额和利润方面形成垄断。不仅家具业，任何行业都是如此。这点看看美国就知道了。

我于 1972 年首次访问美国的时候，感觉"美国比日本先进 50 年"。现在日本已经赶上了很多，但仍然至少有 20 年左右的差距。有人说："日本已经追上美国了！"其实还差得远呢！

美国是世界竞争最激烈的国家，在各个行业中，老的企业不断倒闭，重组和垄断不断加快。2015 年 2 月，大型家电量贩店"RADIO SHACK"宣布破产，剩下的家电连锁店只有"BEST BUY"一家。2016 年 3 月，"SPORTS AUTHORITY"申请破产保护，体育用品连锁店最终一家不剩。

百货店同样如此，走高价路线的传统老店都在苦苦支撑，而"KOHL'S"这种面向大众，主打中档商品的百货连锁店正飞速发展起来。它的营业额名列第二，仅次于"MACY'S"，但店铺数量已位居第一。在日本，NITORI 的店铺开进银座曾引起热议，将来这种倾向会逐渐显著吧！

垄断化的进程中，只要站对了队伍，就有大机会。这也是NITORI 所希望的。现在，为了迎接总有一天会到来的大萧条，我们正在进行全方位的准备工作。销售顺利、无贷款经营，每年 400 亿—500 亿日元的纯利润，加上固定资产折旧，每年的剩余资金大约 600 亿日元。**这是为达成愿景与目标所需要的宝贵资金，**现在只用了其中的 300 亿日元左右。因为地价和建筑费用居高不下，所以控制了投资。

今后，如果预想中的大萧条到来，地价和建筑费用下降的话，将重新审视以承租为主的开店方针，计划用自己的资金购买土地开店。

引领革命性发明和发现的姿态

NITORI 对每一位员工实施性格调查，并以此为依据做心理咨询，有时我本人也亲自加入，为提高他们的积极性而提一些建议。

对性格检查感兴趣是因为我觉得"性格和工作能力之间也许有关系"。大家都认为学生时代的学习能力直接关系到工作能力。如果这样的话，我这个学生时代没有一门功课学得好的人，就不可能在事业上获得成功。

分析我的成功原因，第一肯定是"胸怀愿景与目标"。

不过，我的性格或许也是成功的要素之一。就是渥美老师曾经说过的"坦率、灵活"，以及乐观、亲切、肯动脑筋，还有好奇心旺盛等。从实际来看，一个人能否成功，与他的性格和行为方式有很大关系。所以，在人事管理中采取了性格调查，以便对员工建议说："只要改变想法，你也会成功的！"

在实施性格调查之前，我看到了什么，就想着能否用到工作中，而尝试过多种做法。例如第一印象和面相，另外我也曾十分在乎血型。

血型方面，我自己是 O 型，据说"领导和社长多为 O 型"。我就想："这或许有点道理。"

听说日本人中最多的是 A 型，工作认真，对上司和公司忠诚，做事井井有条。而 B 型有些任性，AB 型稍微与众不同，具有艺术家气质等。

于是我就想："将来公司还会进一步发展，那就需要增加领导型人才。"于是在面试跳槽来的员工时，从七八名录取者中选了一大半跟我一样的 O 型，并考虑"给他们配备 A 型部下的话，工作应该比较顺利"，而给他们配备了相应的部下。

结果却失败了。本应适合做领导的 O 型，实际做了以后完全不行。本应做事井井有条的 A 型工作起来却吊儿郎当。让本应具有艺术家气质的 B 型做企划设计，却完全不得要领。总之结果让我觉得不可思议。

从整体来说，的确让人觉得有书中写的那种倾向。但是，想对号入座的话，就完全不是那么回事，更不能用来作为决定人选的依据。所以最后觉得"这不太科学"而放弃了。

我还热衷于名字的笔画。买了好几本笔画方面的书，也跟着这一专业的老师学了一点。

我的名字是 21 画，这在笔画中是个"好名字"。我读高中时，曾受到过一位热衷于此的老师的表扬。

那时，老师问大家："有没有名字是 21 画的人？"当时名字 21 画的人有两个：一个是全校第一、全国模拟考试进入前 10 名、一举考入东京大学的人；另一个就是我，一个留级生，在学校总是受到欺凌的人。我举手说："我！"大伙看了都惊诧不已，脸上露出将信将疑的表情。

但是，因为这事我找到了自信。我想："我一定能成功！走着瞧吧，一定有机会的！"这也算是一种自我暗示吧。

因为这一次经历，我开始对字的笔画产生了兴趣。我调查了所有员工的名字笔画，当有朋友让我帮忙给儿子取名字时，我也是想了 21 画的名字，并且保证说："将来必成大器！"

这个命名还有后续。那个朋友的儿子大学毕业后在一家超市工作。但是因为"过了好几年还净做些切生鱼片之类的简单的活儿"，于是朋友托我说："能否在似鸟先生的公司里找个工作做呢？"我想自己是给他起名字的人，所以就录取了他。但后来发现他完全不行。

总之就是完全没有工作积极性，吩咐他做的事也不能如期完成，上司给他的评价是 5 级中的 1 级或 2 级，属于最低级别。最终，我也只能对他本人以及他的父亲——我的朋友说："实在抱歉，与其这个样子在我公司待着，还不如早点换个工作。"请他另谋高就了。

最终我总算明白,"就算名字的笔画好,也未必意味着本人能干,或者比别人更努力"。其实本来就是这么回事。

另外我还明白一个道理,"千万不能因人所托而录用人"。

过去有过因某个政治家的介绍而录用的人,也没有什么好结果。不仅仅是政治家,受人所托招进公司的人都一样。这是因为无法通过自己的能力进好的公司,才需要找门路托人吧。

如今,NITORI 一概不搞通过关系的录用,即使大臣之托也一概回绝。

NITORI 崇尚实力主义,是一家竞争激烈的公司。不具备实力的人即使进了公司,最终感到悲惨的还是本人。被周围人无视,独自一人寂寞地吃着午饭,每当我看到这情景,总觉得非常可怜,看不下去。所以我觉得还是找一份适合的工作对自己更好。

所以,我在人事录用方面有许多失败的教训。这也是因为我总是不停地思考"如何才能了解人的本质呢?一定有什么好办法的"。这也应该算好奇心的一个体现吧。

发现存在的不平、不满和不便,始终坚持思考解决的方法。怀着好奇心搜集信息,在解决问题之前决不放弃。这种态度能把人带到发明和发现的道路上来。

NITORI 的"制造、物流、零售"模式就是这样形成的。

在 NITORI，在自己的工厂里完成制造，现在物流部门的比重仅占三成左右，企划和制造占五成左右。因为销售是由商品决定的。

企划和制造取决于人才。现在已经培养了 100 多名拥有 20 年工龄的员工，有足够的能力在企划的舞台上掀起革命。他们进公司那时候，有 500 多人，虽然许多人辞职了，但仍留下这么多人。再过几年，等到工龄 30 年的选手达到 100 名以上的时候，企划开发无疑将爆发出更大的能量。店铺数达到 1000 家以后，世界又将发生新的变化。

正因为有好奇心，才能实现革命性的改变。

"先制主义"和"集中主义"

NITORI 的 5 大口号之一是**"先制主义"。领先做任何人以往没有做过的事情。**经营进口家具也好，身为零售业却在海外建造自己的工厂也好，为了提高物流的效率使用机器人仓库也好，在全日本 NITORI 都是第一家。

再比如，将窗帘成品化的做法，NITORI 也是世界首创。

一般来说，家具的更换为 10—20 年一次，使用期限很长。这是家具价格昂贵的缘故。刚开始在 NITORI 卖窗帘的时候，因为价钱贵，大多要用 10—20 年。那时候一般都是定做，一套需要 20 万—30 万日元。所以，大部分家庭都是在造新房子的时候购买，然后一直使用下去。

我心想："让我来改变这个常识。要设法把阳台的长窗帘也控制在 5000 日元以内。"为此，订了大量特定尺寸的窗帘，之后调整长度即可，就这样开发出了成品窗帘。

第一次开发出来是好事，但是，花了整整 3 年才让顾客知道"去 NITORI 能买到窗帘"。因为在那之前 NITORI 是家具店，不是卖窗帘的。直到 5 年以后才算正式步入轨道。要让世界上更多的人知道"NITORI有各种各样的窗帘",估计要花10年吧。

窗帘之后是床上用品。这比窗帘难度更大,怎么也走不到轨道上来。当时家具店和寝具店是两个不同的范畴,谁都不会想到去家具店买枕头和毯子。所以床上用品花了5年才获得顾客的认可,正式步入轨道花了10年。

做别人没有做过的事情,走在所有人前面。做了以后,需要好几年才能获得社会的广泛认可。但是,一旦获得认可,以后就会一路畅销,10年之后就将以绝对优势领先别人。这个"先制主义"简直就是最符合我性格的主义。

5大口号中还有一个"不搞多样化,做好主业"的所谓"集中主义"。

这其实与我的性格正好相反。我是个好奇心旺盛的人,如果不提出这样的口号进行自我控制的话,不知不觉地会涉足各种各样的事情。

NITORI发展起来之后,有很多投资的机会找上门来,其中不乏非常有前途的业务。有时我也十分感兴趣,但想到跟我倡导的集中主义有悖,就马上放弃了。

例如,曾有人向我提议:"想不想收购西装连锁店?"我觉得非常不错,于是就一个人偷偷地进行操作,但因为被渥美老师和 NITORI 的干部发现只能中途停止。

还有收购宾馆连锁店的机会，也因为不是 NITORI 的业务而作罢。当时对方要价 65 亿日元，最终估计只需 10 亿—20 亿日元就能收购，如今的价值已经达到 500 亿日元。其他还有鞋子连锁店和玩具连锁店等 M&A（合并、收购）机会，仅这几年就放跑了三次能赚大钱的机会。

稍微早些时候，曾经有人来问我："愿不愿意收购一个职业棒球队？"有个棒球队要转让，一家 IT（信息技术）行业的企业表达了收购的意愿。我接到一个询问电话说："不想把球队交给一家不知道经营什么的公司，能否请 NITORI 来收购？"成为职业棒球队的老板，广告效应绝对无与伦比。我非常心动，但无论对哪个干部提起这件事，没有一个人同意。无奈只好作罢。"如果我报名的话，会被作为收购方优先考虑的啊！"一想到此事，至今还觉得有点儿遗憾。

除了 NITORI 现在的生意外，我因为喜欢时装，有时会萌生"如果是我的话就这么做"的想法。对餐饮业也是如此。但是，如果那样的话，就无法集中精力投入主业。**不专注于一件事，就无法在竞争中胜出，也无法做大事业。**所以，NITORI 只专注于衣食住中的"住"。

渥美老师也曾经教导我："千万不要出手做与主业无关的

事，那是浪费时间、浪费人生。最不能做的就是分散人才。"

例如那些找上门来的 M&A 机会，如果做的话，作为单个生意可能是赚了钱。但那会在很大程度上分散我的人员，以及我本身的时间和精力，一定会给主业带来负面影响。

再拿棒球队来说，我这个人一旦开始做肯定会全身心投入，会发誓"一定要成为日本第一"！估计每周去球场观战，并描绘出一个宏伟的目标："不管花多少钱，就算赤字上升到 50 亿日元，也要通过购买球员或别的方法提高战斗力。我们要 3 年内联赛夺冠，5 年内称霸两大联赛，要努力创造'巨人、阪神、NITORI'这样的人气！"虽然我也想"如果这样的话多开心啊"，但肯定会影响主业。如果应该集中的精力分散了，肯定没有好结果。

例如这 3 年我倾力投入的是床和沙发的商品开发，并且已成为现在的核心产品之一。当时因为营业额滞涨，于是就从零开始搞商品开发。做了很多试验品，直到做出顾客喜欢的产品。结果，去年床成了畅销商品。今年的重点在沙发，我还打算继续亲自负责床和沙发这一项业务。幸好 2016 年 2 月，由白井先生出任社长，我自己担任会长，可以有更多的时间多关注某项业务的进展了。

能专心致力于做这些事，正是因为集中做主业。如果去做一些与公司主业无关的收购或投资，就不可能做这些了。

不过说实话，我至今还在想："人就这一辈子，真想冒更多的险。如果当时做了棒球队的老板会怎么样呢？""当时收购了该多好。要是我做老板就不致一直垫底了吧。"

拥有球队与其说是事业，倒不如说是我的兴趣！渥美老师曾对我说："经营者不可以有兴趣爱好。必须 365 天每天 24 小时专注于连锁店的工作。"既不能做无关的行业，也不准有自己的兴趣爱好。

不过，我对自己并不像老师对我那么严格，在兴趣方面更是经常违背老师的教诲。他叫我"休息日不准打高尔夫"，我照样打。他叫我"酒宴每周只准一次"，我每周喝五次。

关于经营方面，老师说："没有在日本达成目标，就不可以进入海外市场。"但我瞒着他偷偷把生意做到了海外。他叫我"零售业不可以插手制造"，我却办起了自己的工厂。

不过，我觉得这些应该都在集中主义的范围之内。

即使不可以插手主业以外的行业，也必须在自己的业务范围内充分发挥好奇心，不断地借鉴、采纳新方法。

无论男女都需要勇气与柔情

　　无论员工多么优秀，如果社长判断失误，公司就会出问题。领导指示的方向有错的话，优秀的部下无论怎么改变方法和顺序都没有用。决定方向是社长的工作，如果是社长的命令，即使员工觉得"这个有问题"，也只能无奈地照着做。所以，公司的一切取决于社长。

　　如果把经营者比喻为围棋或日本将棋手的话，能称为十段、名人级别的，是原 Seven & i Holdings 的会长铃木敏文先生，或者 Fast Retailing 的柳井正先生这样的人物。虽说都是经营者，但也有各种级别，最低是 10 级。有段位的人很少，能称得上专业的要 4 级以上。能被称为日本将棋中的 A 级棋士的人更是屈指可数。按理说，经营者所领取的报酬也应该按照排名来决定。

　　社长在为公司事业努力的同时，还必须培养下一届社长人选，一个随时可以替代自己担任社长的人。

　　任何一家公司的社长都需要有接班的候选人。哪怕自己这一代干得不错，那下一代选谁，什么样的才是理想的人才？还有，该怎样决定接班人呢？

无论公司大小，只要是公司员工，一定有很多人想成为社长。同时，让员工拥有这种想法对社长来说也十分重要。

社长是管理层之巅，我想，大家都会有想当社长的想法。但管理人员和专业人员的资质是不一样的。大多数人所拥有的是专业人员的资质，具有管理人员资质的人大概十个人里面有一个。

过去在北海道的家具业界，有一位被称为销售之神的人自立了门户。但是，那家店最终还是倒闭了。看到如此情景，我明白了一个道理："销售能力和经营能力不是一回事。"

管理人员的工作是调动人员。必须与下属保持通畅的交流，让他们像自己的手和脚一样，为自己所用。但事实上很多人都觉得自己"不擅长调动人员"。调动下属所需要的资质，以及为此必须具备的对事物的看法和想法，不管是 5 个人或 10 个人的小公司，还是几万名员工的大公司，基本上没什么区别。

公司最高层必须具备的条件，除了目标与愿景外，我认为也许是"坦诚""灵活"，以及"友好、柔情"。

无论是上司还是下属，平级的同事们都喜欢他，至少不讨厌他。这点非常重要。性格不好，即使业绩数字再好，作为高层人士还是不合格。有的人像刀刃一样锋利，不被人喜欢，这样的人不适合做领导。一个被周围人讨厌的人肯定无法运行一个组织机构。如果说性格和业绩数字只能选一个的话，我选性格。

作为最高层，还有一个重要的是勇气。所谓"有勇气"，就是指"能够做决断并实施"。踌躇多虑、驻足不前的人，无论多么优秀也不适合坐最高层的位子。只要做了，哪怕失败，也可以从中学到东西、获得经验。什么都不做，驻足不前的人，是对时间和工资的浪费。对公司来说还是没有这样的人更好。无论有多么好的想法，不实施也是毫无意义。

俗话说："男人要勇气，女人要柔情。"但无论男女，两者都需要。结婚对象一定会选择这样的人吧？我觉得选社长也一样。如果选择一个乐观积极的人做社长，那么整个公司都会乐观积极，员工们也一定会感到幸福。

速断、速决、速行

成为企业的最高领导以后，因为拥有最终决定权，所以公司越大需要决定的事情越多。这时做决定的速度尤为重要。最高领导的决策一旦慢了，整个公司的运行就会慢下来。

我是一个急性子，大阪方言叫作"急脾气"。对下属做了指示以后，对方如果不马上执行，我就会发脾气。我经常说："必须在 10 秒内做出回答!"想要成功的话，慢悠悠不行。急性子才能获得成功。

那些不马上答复，而辩解说"现在很忙""现在正在做"的人，其实什么都没做。

所谓人才，指的是处理工作能力强的人。越是办事麻利的人，工作越多。我现在一天需要审批 200—300 份文件。审批的速度非常快，当然也有很多失败。**不失败当然最好，但做决定才是更重要的。总之要不断进攻，成功的都是进攻者。**

在审批的时候，我说："失败了的话，提议者要负责任。"如果让审批的人负责，有多少脑袋也不够。提议数量优于质量。我规定"要在每天的汇报中提出创意"。不管采纳与否，总之要每天提。这一点很重要，新员工在这样坚持提了一两年之后，创意的质量渐渐提高了。

我现在能做到速断、速决、速行，但在刚成为经营者的阶段完全不是这样。我想："照这么慢吞吞的速度的话，再过一百年也不可能实现目标。"于是就改变了工作方法。我觉得"如果失败，就当交了学费，只要公司不倒闭"。所以一个接一个地做出了决定。

有一点很重要，就是不要什么工作都揽在自己身上。处理能力强的高层，总是超负荷工作，但即使再增加三成工作量，也能从已有的工作中挑出不那么重要的工作，或者丢弃，或者委托他人，总能想办法都处理好。在此基础上继续增加的话，还是会想各种办法，通过对已有的工作进行压缩来解决。自己做的话，虽然效果可能好一点，但只要没有大的影响，就交给别人去做。或者干脆放弃这件事。

就是说首先要"舍弃"。动脑筋改善业务方法是第二位的。如果什么都不舍得放弃就无法前进。把别人也能做的事交给别人去做，自己做更重要的事，以及别人做不了的事。如果不懂得舍弃，就当不了大公司的领导。

我也努力注意这一点，不断把手里的工作迅速处理掉。不深思熟虑，只用 10 秒或 20 秒做决定。**要提高处理能力就必须**

努力**"速断、速决、速行"，不让事情拖到第二天或下周。错了的话改正就行**。决断所需要的调查委托部下去做。此外，提案至少保证 3 个。但不能一开始就只想 3 个。就算最终提出的是 3 个不知道哪个更好的提案，也必须从上下左右各个视点进行立体思考，并尽可能多拿出提案来。可能的话，先拿出 100 个左右的候补提案，然后对每一个进行调查，再决定最终的候补提案。

我最初过于注重"凡事必须亲力亲为"，所以不能放心地把事情交给别人做。但是，渐渐地发现"这样的话公司做不大"，于是开始把本来大包大揽的工作交给下属做，自己只做非我不可的事。**决定"做什么"非常重要。但做决定利用的是业余时间，例如在上班前、下班后、睡觉前、休息日等时间进行思考。**

应该做的事情也必须时刻注意先后顺序。标准就是"顾客是否有要求"，顾客所要求的事，以及解决顾客的不平、不满和不便的事，必须时刻放在首位。在公司的各部门中，店铺在最首位。销售现场是最重要的，这里有顾客的不平、不满和不便。店铺是与顾客接触的第一线。所以，比起改善物流，改善店铺无疑更需要优先考虑。

NITORI 在人事变动的时候，与一般公司相反，采取"调往总部""回到现场"的说法。在现场发现问题，然后到总部加以改进。如果离开现场五年以上，就会变得像化石一样，所以就再请他回到现场。

　　同时也优先考虑消除店铺工作人员的不满情绪。如果工作量大，就减掉一些。在改善和改革物流中心的时候，比起提高效率、减低成本，首先考虑的是"解决对店铺来说不方便的地方"。如果觉得先后顺序有错，就及时调换过来。

成为公司顶梁柱的人才

在 NITORI,下一任社长候选人一般是执行董事以及社长直属的各部门负责人的 30—40 人。

日本大企业的组织结构基本上呈金字塔状,通常分为 7—8 个级别。

但是,级别如此之多的话,社长就会成为云端中的人物,命令到不了现场,现场的声音也传不到最顶层。

因此,在 NITORI,基本上简化为"顶层领导—经理—负责人"这三个级别。一般的企业,在顶层领导下面只设营业担当和财务担当等 4 名干部,但是 NITORI 的社长直接领导 30 名左右的经理。以前更多,但因为实在过多,才减到了这个数量。我兼任 NITORI 控股公司的社长时,还要管理其他分公司,实属不易。现在总算解放了,只需要担任会长一职。说实话,那时候真是太累了。

如今 NITORI 的董事最年轻的也将近 50 岁。关于董事的升任,我认为越晚越好。参与公司经营一般是从 50 岁才开始。所以,升任董事一定要等到明确判断"这个人一定没错"以后才行。

这是因为有过许多次由于过早提拔而导致失败的例子。有一阵子提拔了很多 40 多岁的董事，但是，过于年轻就担任董事，会让人安枕无忧，从而导致工作懈怠，于是就会停止成长。甚至有人因此而变得自以为是，最后只得请他辞职走人。

渥美老师曾说："就算笨拙、迟缓，只要是不断坚持向前走的人，就能成为让公司不断发展的顶梁柱。"我看着下属们，对此深有同感。要培养出不仅在日本，在世界上也能大展宏图的人才是要花时间的。

我认为，社长这个工作，必须在死后 50 年、100 年才能被评价。如果一家公司的业绩只是看眼前几年，很容易就能提高。停止应对未来的教育和研究方面的投资，把降低成本放在第一位的话，近期利润立刻就会上升。实际上也不乏这样的经营者。

除了公司创始人担任社长，几乎其他所有的社长在位期限也就几年吧。即使只在位四年，也应该先考虑 10 年、20 年以后的事情，再对经营做出判断。只考虑在任期间来制订计划的话，即便能做出改善，也做不到改革。如果不进行改革，即便眼前的利益能上升，也不会有未来的可持续发展。

最高层光盯着眼前的营业额和利润，又没有来自外部的监督的话，就会发生下属巴结上级，在业绩上作假的事情。

就算迟钝，就算慢速，也要坚持往前走

在 NITORI，无论是录用毕业生还是录用从其他公司跳槽过来的人，比起学历，更重视求职者对待事物的看法，以及想法是否正确。因为考虑到公司未来的发展，所以尽可能多地招经理型和领导型人才。

领导者的培养，经验是最重要的。通过读和听掌握的知识只占 10%，剩下的 90% 都来自经验。所以，为了让员工尽可能多获得一些经验，公司实施轮岗教育制度。

即便如此，事实上 10 个人里面只有一个人能成为好的领导者。为了更快地发展，我觉得有必要提高这一比例。怀着这种愿望，我想对公司全体员工谈一谈成为全球化人才的几个要点。

◎一个人的时候，人人都有惰性。所以，往往一个小小的努力就会和人拉开很大的距离。一开始的起跑非常重要。

在 NITORI，最初的三年实行论资排辈制度，评价结果也不会有太大差别。但也不能因此放任自流。也就是说，起跑很重要。

◎**把公司内资格考试作为具体目标，当作终生教育的一部分。**

如前所述，每位员工都需要制订工作计划，以此为基础对自己的人生进行设计，并为此不断地学习。

◎**切勿认为自己是为公司存在。要让公司为自己的发展而存在。**

公司的存在是为了员工实现自我成长。自己成长了，失败的代价却由公司承担，而且还能拿工资，没有比这更好的事了吧。一定要这么想。

◎**工作不要自己选。"这份工作不适合我"这样的话至少三年后再说。**

"不适合"这种泄气话，至少过了三年再说。首先用一年时间积累经验，第二年努力改变，第三年设法提高速度。这样还不行的话，就可以说："看来还是不适合。能否让我去别的部门？"

◎需要用全身心去学的工作有很多。这是二十几岁时必须做的，30 岁以后就做不到了。

去现场的工作很烦琐，但对顾客来说都是非常必要的工作。千万不要讨厌。

运动也好什么也好，都只有通过反复练习才能掌握。必须用身体去记忆。二十几岁是这种学习的最佳时期。30 多岁以后开始动脑筋设法改善。40 多岁时，就要否定以往的做法，进行大的改革。50 多岁开始做经营。二十几岁时对现场的工作还一知半解的，就想靠着脑袋做一番大事，这不可能。

◎没有问题本身就是问题。二十几岁时不具备问题意识的话，后面只会堕落。

我本人就是这样的。年轻时的我，既没有愿景也没有目标，所以没有问题意识。直到有了宏伟目标，才渐渐看到实现目标的过程中成为障碍的问题。然后，学会了站在顾客的角度看问题后，就能看清那些导致顾客不平、不满和不便的问题。没有愿景和目标，只站在自己立场想事情的话，是看不到问题的。这样就不会进步。

◎对现在的工作不能全力以赴的人，即使调到所希望的岗位，也无法胜任。

因为"现在的工作不适合"，就算转到其他部门或其他公司也无济于事。反而会养成"做不好就逃避"的坏习惯。必须学会吃苦，全力以赴，用自己的身体去解决问题。

◎在一家公司待不满三年的人，无论去哪里都不会长久。

我经常说："要有恒心。"无论在哪里，只要坚持待上 10 年，自己就能获得成长，继而就能改变自己。而如果连 3 年都待不住的话，到哪里都干不好。

◎二十几岁是学习数学、语言、运动的最佳年龄，之后逐渐衰退。

实际上也许应该说十几岁是最佳年龄，然后才是二十几岁。到了三十几岁时，记忆同样的内容需要花年轻时两倍以上的时间。到了四十几岁就干脆死心吧。年轻时需要养成用数字进行交流的习惯。

做生意离不开数字。每天与上司的交流中必须加入数字，即使对此不擅长的人也要努力这么做。NITORI 每周出决算报告，每周一有各个品种商品的相关数字报告出来。要培养从数字中寻找错误的习惯，这一点非常很重要。

◎**在二十几岁如果不确立健康的心理，会对 30 岁以后的人生产生影响。**

最近，每家公司都出现许多心理疾病。

自寻苦恼的人容易患心理疾病。在投入某工作之前，如果瞻前顾后就会趑趄不前。结束之后耿耿于怀也难以继续前行。这就叫自寻苦恼。要不惧怕失败、奋勇向前冲，失败乃年轻人的特权。因为未曾经历过，所以失败在所难免。总之必须勇往直前。

二十几岁时哪怕出现心理疾病，也比较容易恢复。但 30 多岁之后再患上的话，情况会变得越来越严重。任何人都会出现忧郁症状。我以前也出现过。重要的是，要尽快振作起来。

◎**说没时间的人，其实很多都是在漫无计划地行事、瞎忙的人。并且，往往睡眠时间很长。**

不制订计划行事往往会做无用功。工作时间也是别人的两倍甚至三倍。要养成无论做什么都要先制订计划，并按计划进行的习惯。这不是为了公司，而是为了自己。这就是"系统"。所谓系统就是把事情当作"做这个事是理所当然的"来认知。

◎设定目标。一年的大目标，三个月的中目标，一周的小目标，以及明确今天的目标，并朝着目标奋力前进。

在公司，由经营者制订以 30 年或 50 年为单位的长期计划，以及 3 年或 5 年的经营战略。员工必须参照这些大计划来制订自己的工作计划。

大家不妨先制订一个年度计划并设定一个目标。然后再设定三个月的中期目标、一周的目标，接着是明天的目标，一点一点地让计划实现。这时，一定要把数字填进去。就算不能完成也必须填入数字。即使最终没能按计划实行也不要紧。不断地修正，这周不能完成的，在下一周完成就行。

◎首先完成命令，继而达到期待，然后超越期待。

有的人不但完不成上司的命令，而且还喜欢发牢骚。首先必须保质保量地完成交给你的工作。完成命令本身就是件难事。接到命令以后，必须汇报结果。汇报了以后，工作才算结束。置命令于不顾，或者工作做一半，这都不是完成。完成了

以后继续努力达到上司所期待的结果，甚至超越期待。要达到
所期待的结果是一件很难的事情。白井社长就是这样成长起来
的，所以我才会想："好！就让这个人做社长！"

◎**在自己的人生中体会到价值，并且热衷于工作
的人，才是真正的成功人士。**

"人生价值"不同于"工作价值"。工作价值是暂时的，
而人生价值需要花一辈子追求，并且往往让人迷恋其中。

人每年都要长一岁，心中有了目标，才能永葆青春。我现
在也还正值青春。尽管 20 多岁、30 多岁的时候很开心，到了
40 多岁、50 多岁更开心。现在到了 60 多岁、70 多岁，更是
无比开心。到了 80 多岁会怎样？也许还会很开心吧。希望大
家也能胸怀愿景，收获成功的人生。

◎**"尺有所短，寸有所长"。缺点改正了并不会带
来成长，只有发挥长处才能进步。**

每个人都有自卑感。不用在意缺点。太在意并不会带来好
的结果。缺点就是缺点，我自己很明白这一点。但是，即使改
正了缺点，人也不会成长。与其纠结于缺点，不如更多地考虑
优点。

一定要好好思考自己的长处在哪里，并且最好尽快找到。不过，这需要经历很多工作以后才会明白。我自己就是再怎么努力，在接待顾客方面也丝毫没有天赋，但却在进货的过程中发现了乐趣。这成了我的长处。大家一定要设法找到自己的长处。

找出下属的长处是上司的工作。但是，也可能遇不到这样的上司。这时，只能尽量忍耐，因为总有一天上司会换人。

◎竭尽全力的现场工作经历，会成为所有判断的基础。

现场的工作，看起来是在重复一些枯燥无聊的事情。但是，这是一个呱呱坠地的婴儿到成人的成长过程中所需要的经历，是最基本的骨架。竭尽全力去做，这一点非常重要。尤其是 20 多岁时在现场的工作经验最重要。只要掌握了工作方法，到了 30 多岁就能游刃有余地进行改善。到了 40 多岁，就如更换交通工具一样，能对工作方法本身做出改变。最终，这将成为你的乐趣。

最后，我想再说一遍的是：

成功人生的决定性要素，并非学习能力，也非学历，而是

一个人的"心态"。

在本书中介绍的"目标""愿景""热情""执着""好奇心"中，尤为重要的是要怀有"为了他人，为了社会，奉献自己的一生"这样的宏伟理想和愿景。从此，你的生活方式将会发生翻天覆地的变化。

改变以自我为中心的思维方法和心态绝非易事。要从内心下决心"必须改变自己"，几年、十几年如一日地思考"为了他人，为了社会"。这样，过了 40 岁，才可能终于迎来改变的那一天。一旦真的改变了，你的人生也将随之改变。无论是学习成绩多么不好的差生也没关系。我本人就是最好的例子。只要坚定地胸怀愿景，就没有什么值得害怕的事情。哪怕 50 岁或 60 岁开始也来得及。**只要内心燃烧着"愿景"，确定明确的数字"目标"，那么，"热情"、"执着"和"好奇心"自然就会喷涌而出。**

未来，有你无法想象的巨大成功在等着你。希望更多的人因为这本书，心中燃起炙热的革命烈火，取得人生的巨大成功。

"服务的细节" 系列

《卖得好的陈列》：日本"卖场设计第一人"永岛幸夫
定价：26.00 元

《为何顾客会在店里生气》：家电卖场销售人员必读
定价：26.00 元

《完全餐饮店》：一本旨在长期适用的餐饮店经营实务书
定价：32.00 元

《完全商品陈列 115 例》：畅销的陈列就是将消费心理可视化
定价：30.00 元

《让顾客爱上店铺 1——东急手创馆》：零售业的非一般热销秘诀
定价：29.00 元

《如何让顾客的不满产生利润》：重印 25 次之多的服务学经典著作
定价：29.00 元

《新川服务圣经——餐饮店员工必学的 52 条待客之道》：日本"服务之神"新川义弘亲授服务论
定价：23.00 元

《让顾客爱上店铺 2——三宅一生》：日本最著名奢侈品品牌、时尚设计与商业活动完美平衡的典范
定价：28.00 元

《摸过顾客的脚才能卖对鞋》：你所不知道的服务技巧，鞋子卖场销售的第一本书
定价：22.00 元

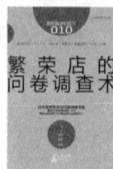

《繁荣店的问卷调查术》：成就服务业旺铺的问卷调查术
定价：26.00 元

《菜鸟餐饮店 30 天繁荣记》：帮助无数经营不善的店铺起死回生的日本餐饮第一顾问
定价：28.00 元

《最勾引顾客的招牌》：成功的招牌是最好的营销，好招牌分分钟替你召顾客！
定价：36.00 元

《会切西红柿，就能做餐饮》：没有比餐饮更好做的卖卖！ 饭店经营的"用户体验学"。
定价：28.00 元

《制造型零售业——7-ELEVEn 的服务升级》：看日本人如何将美国人经营破产的便利店打造为全球连锁便利店 NO.1！
定价：38.00 元

《店铺防盗》：7大步骤消灭外盗，11种方法杜绝内盗，最强大店铺防盗书！

定价：28.00元

《中小企业自媒体集客术》：教你玩转拉动型销售的7大自媒体集客工具，让顾客主动找上门！

定价：36.00元

《敢挑选顾客的店铺才能赚钱》：日本店铺招牌设计第一人亲授打造各行业旺铺的真实成功案例

定价：32.00元

《餐饮店投诉应对术》：日本23家顶级餐饮集团投诉应对标准手册，迄今为止最全面最权威最专业的餐饮业投诉应对书。

定价：28.00元

《大数据时代的社区小店》：大数据的小店实践先驱者、海尔电器的日本教练传授小店经营的数据之道

定价：28.00元

《线下体验店》：日本 "体验式销售法" 第一人教你如何赋予O2O最完美的着地！

定价：32.00元

《医患纠纷解决术》：日本医疗服务第一指导书，医院管理层、医疗一线人员必读书！ 医护专业入职必备！
定价：38.00 元

《迪士尼店长心法》：让迪士尼主题乐园里的餐饮店、零售店、酒店的服务成为公认第一的，不是硬件设施，而是店长的思维方式。
定价：28.00 元

《女装经营圣经》：上市一周就登上日本亚马逊畅销榜的女装成功经营学，中文版本终于面世！
定价：36.00 元

《医师接诊艺术》：2 秒速读患者表情，快速建立新赖关系！ 日本国宝级医生日野原重明先生重磅推荐！
定价：36.00 元

《超人气餐饮店促销大全》：图解型最完全实战型促销书，200 个历经检验的餐饮店促销成功案例，全方位深挖能让顾客进店的每一个突破点！
定价：46.80 元

《服务的初心》：服务的对象十人百样，服务的方式千变万化，唯有，初心不改！
定价：39.80 元

《最强导购成交术》：解决导购员最头疼的 55 个问题，快速提升成交率！
定价：36.00 元

《帝国酒店——恰到好处的服务》：日本第一国宾馆的 5 秒钟魅力神话，据说每一位客人都想再来一次！
定价：33.00 元

《餐饮店长如何带队伍》：解决餐饮店长头疼的问题——员工力！ 让团队帮你去赚钱！
定价：36.00 元

《漫画餐饮店经营》：老板、店长、厨师必须直面的 25 个营业额下降、顾客流失的场景
定价：36.00 元

《店铺服务体验师报告》：揭发你习以为常的待客漏洞　深挖你见怪不怪的服务死角　50 个客户极致体验法则
定价：38.00 元

《餐饮店超低风险运营策略》：致餐饮业有志创业者＆计划扩大规模的经营者＆与低迷经营苦战的管理者的最强支援书
定价：42.00 元

《零售现场力》：全世界销售额第一名的三越伊势丹董事长经营思想之集大成，不仅仅是零售业，对整个服务业来说，现场力都是第一要素。
定价：38.00 元

《别人家的店为什么卖得好》：畅销商品、人气旺铺的销售秘密到底在哪里？ 到底应该怎么学？ 人人都能玩得转的超简明 MBA
定价：38.00 元

《顶级销售员做单训练》：世界超级销售员亲述做单心得，亲手培养出数千名优秀销售员！ 日文原版自出版后每月加印 3 次，销售人员做单必备。
定价：38.00 元

《店长手绘 POP 引流术》：专治"顾客门前走，就是不进门"，让你顾客盈门、营业额不断上涨的 POP 引流术！
定价：39.80 元

《不懂大数据，怎么做餐饮？》：餐饮店倒闭的最大原因就是"讨厌数据的糊涂账"经营模式。
定价：38.00 元

《零售店长就该这么干》：电商时代的实体店长自我变革。
定价：38.00 元

《生鲜超市工作手册蔬果篇》：海量
图解日本生鲜超市先进管理技能
定价：38.00 元

《生鲜超市工作手册肉禽篇》：海量
图解日本生鲜超市先进管理技能
定价：38.00 元

《生鲜超市工作手册水产篇》：海量
图解日本生鲜超市先进管理技能
定价：38.00 元

《生鲜超市工作手册日配篇》：海量
图解日本生鲜超市先进管理技能
定价：38.00 元

《生鲜超市工作手册副食调料篇》：
海量图解日本生鲜超市先进管理技能
定价：48.00 元

《生鲜超市工作手册 POP 篇》：海量
图解日本生鲜超市先进管理技能
定价：38.00 元

《日本新干线 7 分钟清扫奇迹》：我们
的商品不是清扫，而是"旅途的回忆"
定价：39.80 元

《像顾客一样思考》：不懂你，又怎
样搞定你？
定价：38.00 元

《好服务是设计出来的》：设计，是
对服务的思考
定价：38.00元

《让头回客成为回头客》：回头客才
是企业持续盈利的基石
定价：38.00元

《餐饮连锁这样做》：日本餐饮连锁
店经营指导第一人
定价：39.00元

《养老院长的 12 堂管理辅导课》：
90%的养老院长管理烦恼在这里都能
找到答案
定价：39.80元

《大数据时代的医疗革命》：不放过
每一个数据，不轻视每一个偶然
定价：38.00元

《如何战胜竞争店》：在众多同类型
店铺中脱颖而出
定价：38.00元

《这样打造一流卖场》：能让顾客快
乐购物的才是一流卖场
定价：38.00元

《店长促销烦恼急救箱》：经营者、
店长、店员都必读的"经营学问书"
定价：38.00元

《餐饮店爆品打造与集客法则》：迅速提高营业额的"五感菜品"与"集客步骤"
定价：58.00 元

《赚钱美发店的经营学问》：一本书全方位掌握一流美发店经营知识
定价：52.00 元

《新零售全渠道战略》：让顾客认识到"这家店真好，可以随时随地下单、取货"
定价：48.00 元

《良医有道：成为好医生的 100 个指路牌》：做医生，走经由"救治和帮助别人而使自己圆满"的道路
定价：58.00 元

《口腔诊所经营 88 法则》：引领数百家口腔诊所走向成功的日本口腔经营之神的策略
定价：45.00 元

《来自 2 万名店长的餐饮投诉应对术》：如何搞定世界上最挑剔的顾客
定价：48.00 元

《超市经营数据分析、管理指南》：来自日本的超市精细化管理实操读本
定价：60.00 元

《超市管理者现场工作指南》：来自日本的超市精细化管理实操读本
定价：60.00 元

《超市投诉现场应对指南》： 来自日
本的超市精细化管理实操读本

定价： 60.00元

更多本系列精品图书，敬请期待！